梵字でみる密教

その教え・意味・書き方

児玉義隆
Giryu Kodama

大法輪閣

梵字でみる密教　目次

第一章　梵字を学ぼう

第二章　ほとけの種子を書こう

装丁 清水良洋（Push-up）

第一章　梵字を学ぼう

まずは歴史を学ぼう

古代インドで誕生し発達した梵字は、現在は日本のみで生きている、と言っても過言ではありません。

特に密教では、梵字を〈ほとけの活動をあらわす文字〉として貴び、教義のなかでも重要な位置を占めています。真言密教で用いる梵字であらわした曼荼羅《まんだら》（種子《しゅじ》曼荼羅）や真言陀羅尼《だらに》の書写口誦《くじゅ》と意義などは、その主要経典である『大日経《だいにちきょう》』や『金剛頂経《こんごうちょうぎょう》』などに具体的に説かれています。

種子曼荼羅は、金剛界と胎蔵《たいぞう》界の両界曼荼羅を基本としています。また、そのなかの一尊を修法《しゅほう》の対象とした別尊の曼荼羅があります。不動明王を本尊とした不動曼荼羅、阿弥陀如来を中尊とした阿弥陀曼荼羅、星祭りに本尊として祀る星曼荼羅（北斗曼荼羅・妙見《みょうけん》曼荼羅）、光明真言を円形に書写した光明曼荼羅など、さまざまな形の種子曼荼羅が伝わっています。これら別尊の種子曼荼羅は、修法するときの本尊として用いられることが多いため、その目的以外にあまり掛けることはありません。私たちにより身近なものとして年忌供養に建立する卒塔婆《そとうば》、五輪塔《ごりんとう》・板碑《いたび》・宝篋印塔《ほうきょういんとう》などには梵字を多く見かけます。また、家内安全・交通安全などの祈禱を受けた際に授かるお守りや護摩札にも本尊をあらわす梵字が書かれています。このように梵字は、永い歴史のなかでさまざまな媒体と関わりながら、拝む対象として拡まり、日本で定着し信仰されてきました。

余談になりますが、近年漫画にも梵字や種子真言をテーマにしたものが掲載されたり、Tシャツやバッグなどの梵字グッズも見かけることが多くなりました。これらが流行する所以は、多分にファッション性が先行しているのだと思いますが、それに加えて若い人たちが梵字を身に纏《まと》うことで、神秘的な存在との一体感を感じているのではないでしょうか。

深遠な祈りの対象から前衛的なファッションまで、時代を超えて人々に受け継がれてきたこの神聖な文字について、歴史や書写・鑑賞、そして観法《かんぼう》など、密教を中心にこれからお話ししていきたいと思います。

◆インドにおける梵字の成立◆

インドの文字の歴史は、約四千年前のインダス文明まで遡ります。インダス文明期に使用されたインダス文字は象形文字で、いまだに解読が進んでいません。

インダス文明以降、しばらくの空白期間を経て、紀元前三世紀頃のアショーカ王の時代に再び文字が作られます。この時期の文字をアショーカ文字、または王朝名をとってマウリヤ（孔雀）王朝体と呼んでます。専門的にブラーフミー文字と言うこともあります。

インドでは、アショーカ文字以降、幾多の文字の変遷が行われ、特色のある書体が生まれました。特に四世紀に興ったグプタ王朝は、インド古典文化の最盛期を迎えるに至り文字も飛躍的な進歩を遂げます。この時代の文字をグプタ型文字と言います。グプタ文字は、六世紀に入るとさらに派生型を生みます。シッダマートリカー型とナーガリ型がその代表的な文字です。

シッダマートリカー型は、悉曇《しったん》と呼ばれ、日本に伝来した悉曇文字の基本形となった書体です。遣隋使《けんずいし》小野妹子《おののいもこ》が将来した『法隆寺貝葉梵本《ばいようぼんぽん》』は、その悉曇文字で書写された世界最古の貝葉であり、歴史的・書体的に見て大変貴重な資料となっています。

『法隆寺貝葉梵本』は、その名の通り、貝葉という植物の葉を加工して、そこに書写したもので、全部で二葉からなります。梵本の内容は、『般若心経』、『仏《ぶっ》頂尊勝《ちょうそんしょう》陀羅尼』、『悉曇字母《じも》』から成り立っています。いずれにしても、世界最古の梵字資料がこの日本に一千四百年近くも生き続けてきたことについて、歴史の重みをあらためて実感させられる思いがします。

『法隆寺貝葉梵本』に代表される悉曇文字は、インドではおよそ六世紀から九世紀頃にかけて流行した書体で、大別して碑文型と写本型に分類されます。

碑文型は、金石碑文に彫られた書体で、日本へは直接影響はなかったようです。写本型は、貝葉体のことで日本へ伝来した悉曇文字を指します。

◆中国における梵字の展開◆

中国に梵字が伝わった時期については、明確な資料はありません。

中国では、仏教経典の翻訳が盛んに行われましたが、翻訳史上、竺法護《じくほうご》に代表される古訳時代、鳩摩羅什《くまらじゅう》に代表される旧訳《くやく》時代、唐代以降玄奘三蔵に代表される新訳時代の三つに分けられています。古訳・旧訳時代では、真言陀羅尼は漢字による音写文字で伝えるのが主流でしたが、新訳時代になると直接梵字で伝えたものが多くなります。

特に唐代中期になると、善無畏《ぜんむい》三蔵・金剛智三蔵・不空三蔵という開元《かいげん》の三大士によって密教経典の訳出が盛んに行われるようになります。唐代に訳出された密教経典は、悉曇文字で書写されていました。このことは、ほぼ同時代に入唐《にっとう》した弘法大師の請来文献や弘法大師が唐で学んだ講義ノートである『三十帖策《さんじゅうじょうさく》子《し》』のなかの梵字から見ても明らかです。

中国では、原典を訳出する際に、五失三不易《ごしつさんふい》（訳出してしまうと原意を失う五つの事項と翻訳の困難な三つの事項）と五種不翻《ごしゅふほん》（翻訳し難い五つの事項）を数えて決まりごととしています。そのなかに、真言陀羅尼も含まれているのです。したがって、真言陀羅尼は翻訳せずに、言語のまま悉曇文字で書写するか、あるいは音写文字で伝えられました。

中国は、書写様式もインドの様式と異なっています。インドが貝葉を使用したのに対して、すでに中国では紙を使用し、毛筆や木筆などの筆記用具を用いていました。貝葉体は横書きで書写しますが、それに加えて縦書きも併用しています。これらの様式の相違により、中国ではインドの書写様式と異なった独自の様式が完成しました。梵字の書風も貝葉体とは異なり、毛筆独自の筆致《ひっち》雄渾《ゆうこん》にして優雅さが加わるようになりました。この中国の書写様式の影響を強く受けた梵字が、日本へ伝来することになるのです。

◆日本へ伝来した梵字◆

梵字がすでに奈良時代に伝わっていたことは、『法隆寺貝葉梵本』や仏哲《ぶってつ》将来『梵字悉曇章《じょう》』（梵字悉曇の習字教本）などが寺院の記録に残っているので明らかです。しかし、これらの梵字資料は単独で将来されたもので、梵字悉曇学として体系化されるには至っていません。

梵字が教義のなかで体系化されるのは、弘法大師空海が真言密教を伝えてからのことです。弘法大師は、梵字を密教の教義のなかに取り入れたのみではなく、自らも書写し観想することによって実修面も説きました。

東寺所蔵の『真言七祖像賛《しんごんしちそぞうさん》』に書写されている各祖師の梵号は、弘法大師の真筆と伝えられています。また『三十帖策子』には、弘法大師真筆の真言陀羅尼が数多く含まれています。

現在、梵字の真筆本はこの二つの資料のみです。『真言七祖像賛』は木筆、『三十帖策子』は毛筆で書写されていますが、どちらの梵字も中国の影響を強く受けています。

弘法大師は、入唐インド出身の僧から梵字を授かっ

梵字真言陀羅尼経幢（部分）

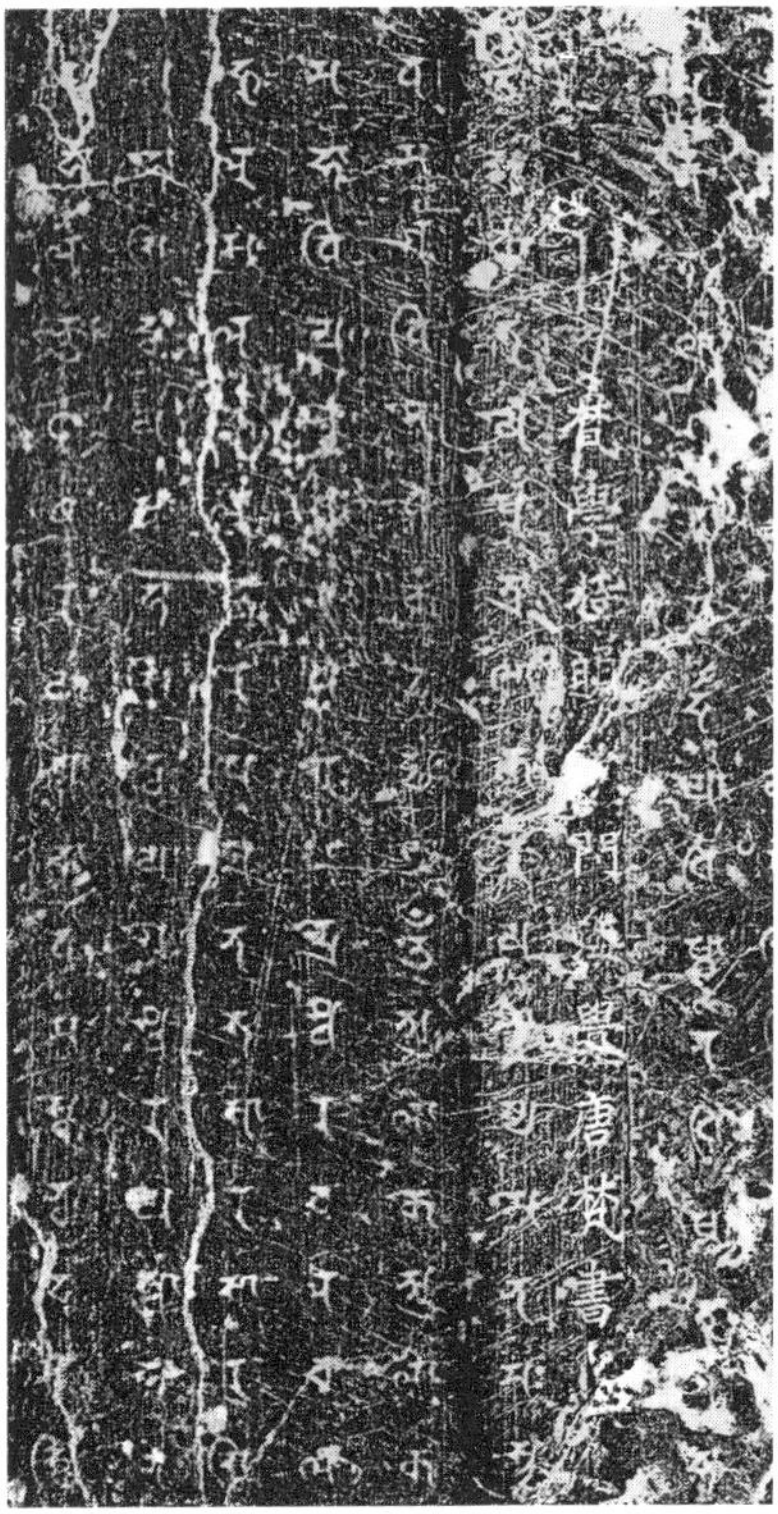

たと言われています。般若三蔵や牟尼室梨《むにしり》三蔵から直接伝授されたという説もあります。しかし、弘法大師の梵字の書風は明らかに中国風であり、中国僧からの影響も少なからずあったものと考えられます。

私は、数年前に、中国西安碑林《ひりん》に所蔵されている『梵字真言陀羅尼経幢《きょうどう》』と題された八角石塔の調査をしました。この経幢は、碑林の館長の話によれば、もとは西安の開元寺《かいげんじ》に建立されていたもので、制作年代は八世紀頃。八世紀と言えば、弘法大師がこの梵字経幢を知っていてもおかしくはないでしょう。なぜなら、この経幢に彫られている梵字と弘法大師の『三十帖策子』のなかの梵字を比較した場合、書風を筆頭にいくつかの共通点を見いだすことができるからです。経幢の梵字の筆者である海覚《かいかく》がどのような人物か不明ですが、その正確な梵書から判断すると、開元寺に法縁を持つ学僧と言えるのではないかと思います。

弘法大師の書風に代表されるように、日本へ伝来した当初、梵字はきわめて中国風に書写されていたものと考えることができます。以後、平安時代中期から後期にかけて梵字の研究が盛んになり、梵字の書風も次第に変容を遂げていきました。日本の漢字書道や万葉仮名の筆法を取り入れた独自の和様梵字が完成されてくるのです。

梵字の流派

日本へ梵字が伝わると、理論や書法面の研究が一層盛んになりました。特に入唐八家《にっとうはっけ》（唐から文献を将来し、梵字悉曇《しったん》学に貢献した八人の学僧。天台宗の最澄・円仁・円珍と、真言宗の空海・常暁《じょうぎょう》・円行・恵運《えうん》・宗叡《しゅうえい》の八人。悉曇八家とも言う）の果たした役割は、日本の梵字の歴史のなかでもきわめて大きな出来事と言えましょう。伝教大師最澄と弘法大師空海（ともに西暦八〇四年入唐）から八六二年に入唐した禅林寺宗叡に至るまで、およそ六十年の間にインドの貝葉《ばいよう》経典を始めとする諸文献資料が直接日本に伝わりました。これは、天台宗と真言宗にとって梵字悉曇学の濫觴《らんしょう》でもありました。天台宗（南インドの梵字を相承）と真言宗（おもに中インドの梵字を相承）の梵字悉曇学は、その相承を異にするので梵字の書体・発音に若干の違いがあります。しかし、真言宗も天台宗の梵字悉曇を一部取り入れたりしていますので、両者が別々に発展したと言うよりは、むしろ密になって相承されてきた部分があるのです。

◆和様《わよう》梵字へ◆

梵字は伝来当初、入唐八家を中心に研鑽されますが、八九四年に遣唐使が廃止されると大きな変貌を遂げることになります。中国からインド直伝の文献資料が将来されなくなり、八家など先人たちの遺した資料が直接研究の対象となってきたのです。入唐八家が伝えた資料は中国で密教がもっとも盛んな時代のものなので、梵字悉曇学の理論面での影響はそれほどなかったと思われますが、書法や書風面においては、大きな変貌が顕著に認められるようになりました。

前項で触れたように、伝来時は中国風の書風を伝えていた梵字は、万葉仮名あるいは漢字書道の運筆法を巧みに活かして独自の書風へと変貌していきます。これらの梵字を総称して「和様《わよう》梵字」と呼びます。そして、和様化にともなう相承過程において、さらに梵字の書風に相違が生じ、やがて書き手個人の特色が強調されるようになるのです。これらの特色ある書風は、「何某流」という梵字流派の形であらわれてきます。

流派の成立は比較的新しく江戸時代初期と言われていますが、そのなかの〈大師《だいし》流〉は鎌倉時代に書写されたいわゆる和様梵字が基本となっています。梵字の流派は漢字書道の流派から考えられたものと思われますが、江戸時代芸道の上で流派の主張が盛行した時代的風潮も何らかの影響があるのでしょう。

現在、梵字悉曇書流の上で名を伝えている流派としては、大師流・浄厳《じょうごん》流・澄禅《ちょうぜん》流・寂厳《じゃくごん》流・慈雲《じうん》流・百《ひゃく》如《にょ》流・智満《ちまん》流などがあります。これらの流派は、その後継者によって提唱され成立していったものと考えることができます。以下、おもな流派について簡単に触れてみましょう。

◆流派のいろいろ◆

――〈大師流〉――

大師流は、書道大師流とともにこの名がついています。

大師流の特色は、全体的に柔和ではあるが、肉太・筆致雄渾で、露鋒《ろほう》用筆（字を書くときに、起筆に穂先があらわれるような書法のこと）の秀れた書体です。

私も手本を横に置き練習したことがありますが、書道大師流の基本筆法をマスターしないと運筆がわかりにくいところがあります。書道大師流の書系は現在まで相承されていますが、梵字大師流は流派名が遺《のこ》っているのみです。

その名称から弘法大師の梵書との関わりを調べてみましたが、大師との書風の類似性は見い出せません。

大師流（和様梵字）／摩多体文（部分）

―〈浄厳流〉―

江戸時代の浄厳律師《りっし》（一六三九～一七〇二）は、室

浄厳筆／普通真言蔵（部分）

澄禅筆／摩多体文（部分）

町時代以降に衰微していた梵字悉曇学の復興の先駆けとして、いちはやく『法隆寺貝葉梵本』に着目し、『貝葉訳経記』を著わしています。

浄厳流は、木版版下用の字体を言うとの伝承がありますが、肉細のよく整った筆致は、江戸時代木版本の主流をなし、現在も継承されています。

―〈澄禅流〉―

澄禅（一六一三〜一六八〇）の書流を澄禅流と言います。澄禅流は、毛筆と刷毛《はけ》書きの両様を伝えていますが、刷毛書き梵字によりその特色が顕著に出ています。

澄禅以前にも、刷毛書き体の名筆は遺っていますが、澄禅師の刷毛書き体は、技巧的に見ても、その完成度は極地に達していたと言っても過言ではないでしょう。したがって、さらに特色を発揮し発展させるだけの余地がなかったようで、後継者による書風の変貌はあまり見られません。

一方、毛筆体の方は、江戸時代に一般に普及していた流行書体が基本になっています。繊細で巧緻な書風は、浄厳流と並んで梵字の版下に適したものです。当時の伝承形に澄禅独自の書風が加味されたもので、継承者も比較的多くいます。

―〈慈雲流〉―

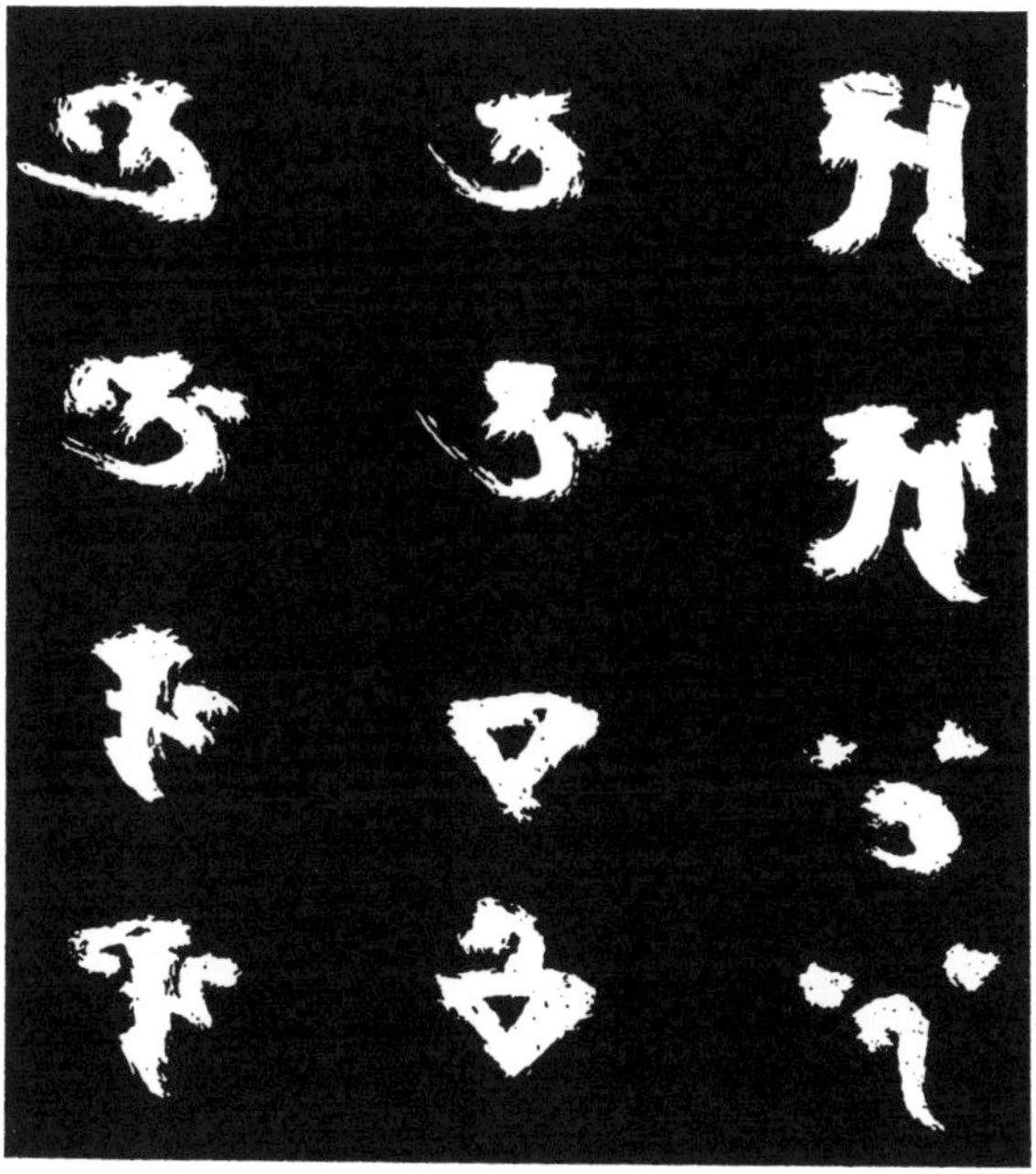

慈雲筆／中天相承悉曇（部分）

慈雲流は、梵字書流のなかでも後世に与えた影響がもっとも大きな流派の一つです。

慈雲尊者飲光《おんこう》（一七一八～一八〇四）の梵書の範となった『高貴寺《こうきじ》貝葉』は、法隆寺貝葉よりやや古い成立という説があります。慈雲の梵書は、貝葉梵本の硬筆の趣を毛筆で伝えているところにその特色が見られます。慈雲流は毛筆が主流の流派と言えましょう。

慈雲流の後継者には、弟子の諦濡《たいじゅ》・智幢《ちどう》法樹《ほうじゅ》などがいますが、その法系より海如《かいにょ》（一八〇三～一八七三）、智満（一八三五～一九〇九）が輩出し、それぞれ海如流、智満流が生まれます。海如流は奈良・長谷寺を中心に継承されて行きます。海如和尚の梵書は、東京・浅草寺や西新井大師の境内に石碑（仏頂尊勝陀羅尼）として建立されています。

―〈智満流〉―

智満流は、海如流と並んで慈雲尊者の法脈を継いで

智満筆／梵字法身偈（部分）

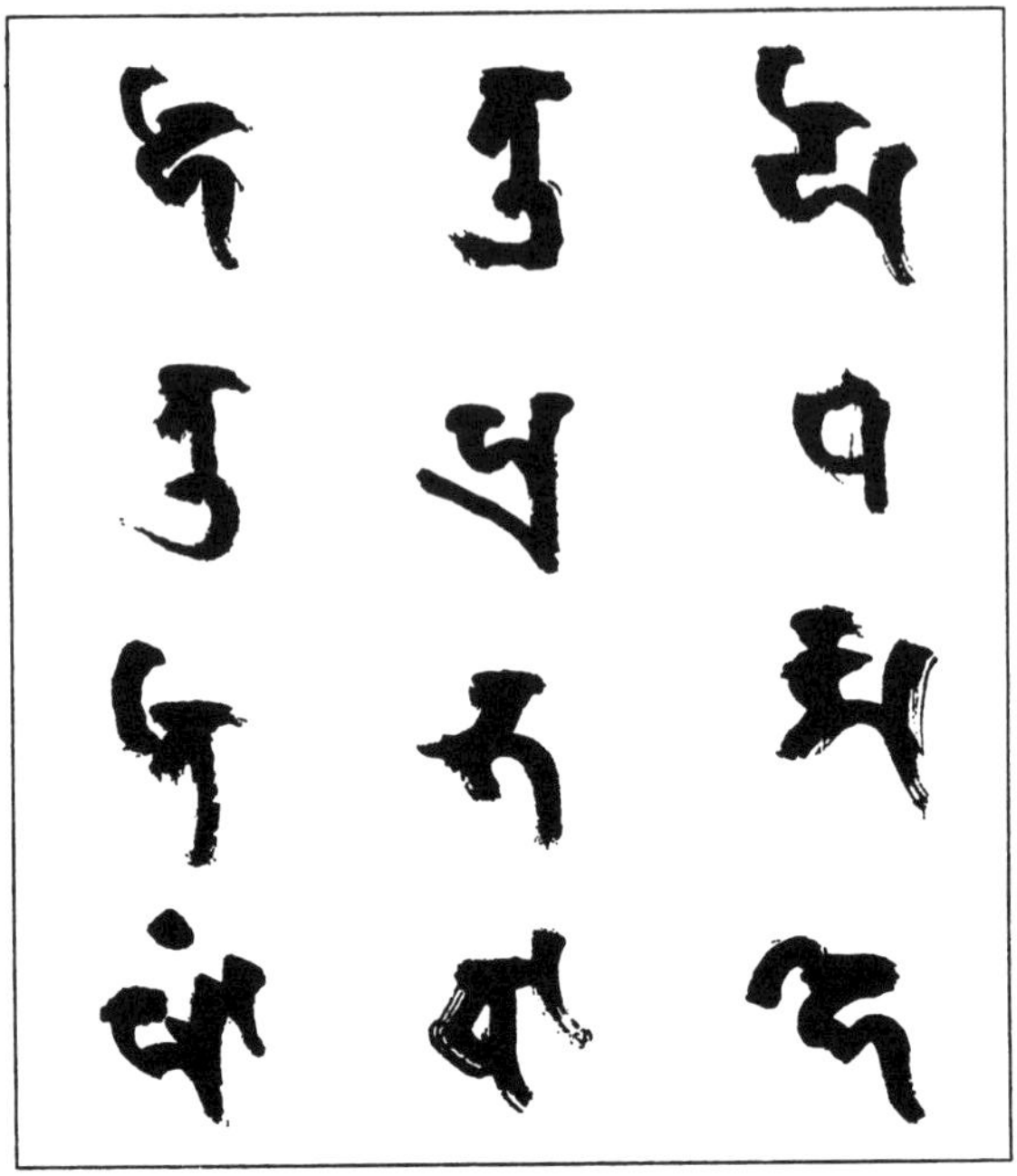

います。

智満和尚の初期の梵書は、慈雲の筆法を忠実に伝えていますが、後年になると智満和尚独自の流麗な書風が加味されてきます。

海如流／摩多体文（平岡全教筆・部分）

また、明治四十三年（一九一〇）に『弘法大師全集』が刊行されますが、そのとき使用された梵字は、和尚が担当されたものです。それ以降、梵字の活字体と言われる書体が完成します。『大正大蔵経』『真言宗全書』などのなかの梵字は、智満和尚の活字体が採用されています。

これら活字も含めて、後年に智満流として確立されます。
また、私の梵字の師である坂井栄信《さかいえいしん》師は、智満流活字体を研究し、さらに新しい活字体の分野を開き、現在もさまざまに活用されています。京都・智積院《ちしゃくいん》で朝夕の勤行で唱えている経本中の梵字はすべて坂井栄信師が浄書されたものです。

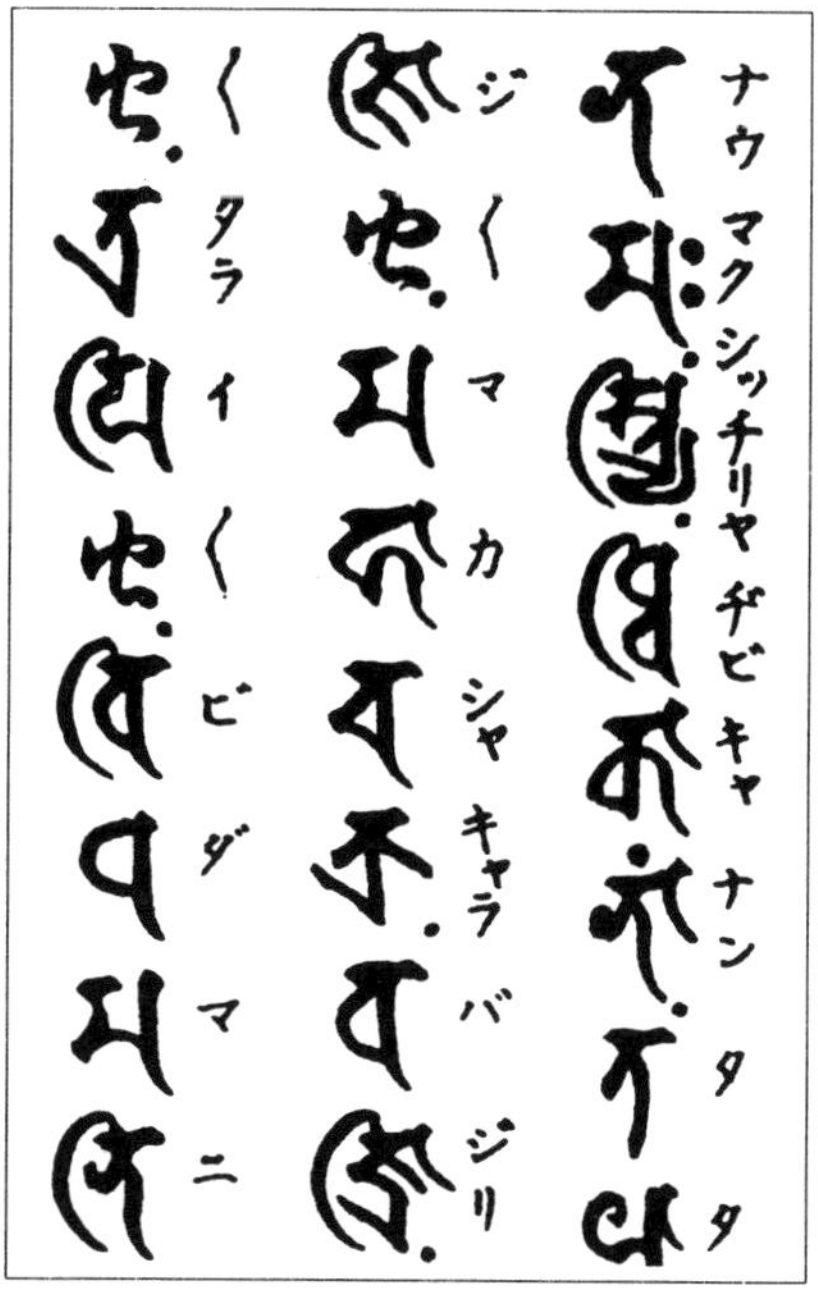
ナウマクシッチリヤヂビキャナンタタ
ジクマカシャキャラバジリ
クタライクビダマニ

坂井栄信筆／祈願法要軌（部分）

◆書流について思うこと◆

梵字悉曇の書法の継承は、今後もこの書流という形で伝承されていくことと思います。梵字悉曇そのものが往時の勢いを失った現在では、新しい書流が成立する可能性は少ないと考えられます。そのなかで、前出の坂井栄信師の梵書は一流を名乗る資格が充分にあります。

また、書流にこだわるあまり、基本をおろそかにして、形だけに執われる方もいます。特に慈雲流や智満流を気取った作品が多く出ていますが、なかには見るに堪《た》えないものもあります。

そして、梵字を書写するときには、人にはそれぞれ得手不得手がありますから、自分の入りやすい梵書を手本に練習するのが一番よい方法だと思います。一つ形を身につけることによって、他の書流の梵書の形がおのずと見えてくるようになるのです。

梵字を学ぶ者の心得

第一次密教ブーム、第二次密教ブームと言われはじめてから久しいですが、その間に、密教はブームで終わらずに、私たちのなかに定着した感があります。それを支えたのは、密教寺院の僧侶による檀信徒への教化活動や専門家が著《あらわ》した密教関係の書物の普及、あるいは、博物館や美術館主催の仏像・仏画（曼荼羅《まんだら》）など、いわゆる密教美術展と思われます。

定着したと言っても、密教が体系的に受け入れられた部分はむしろ少なく、密教を構成する悟りへの要素がわかりやすく説かれたことがその要因の一つと考えることができます。

つまり、曼荼羅・仏像・仏画・法具などがこれまでよりもより身近な存在になったからではないかと思われます。このことは、大変重要なことで、曼荼羅や仏像・仏画などを理解するためには、密教の経典や儀軌《ぎき》に説かれている内容にまで入っていかなければなりません。ですから、これら悟りへの構成要素を理解することは、密教の悟りへの世界へ入っていくことになるのです。

◆梵字は悟りへのみちしるべ◆

梵字も密教を構成する大切な要素の一つです。

弘法大師は、『御請来目録《ごしょうらいもくろく》』（中国から請来した密教の文献リスト）のなかで、梵字について次のように述べています。

釈教（仏教）は印度を本《もと》（源）とせり。西域東垂《とうすい》（西域・中国）、風範《ふうはん》（教えの規範）天に隔《へだ》てたり。言語、楚夏《そか》（中国）の韻に異《こと》んじ、文字、篆隷《てんれい》（篆書・隷書）の体（書体）に非《あら》ず。この故に、かの翻訳を待って、乃《すなわ》ち清風（すぐれた教風）を酌《く》む。然《しかれ》ども、猶《なお》真言幽邃《ゆうすい》（奥が深い）にして、字字義《じじぎ》深し（一字一字の意味）。音に随って義を改むれば、賒切《しゃせつ》謬《あやま》り易し（音の直音と拗《よう》音を謬りやすい）。粗《ほ》ぼ髣髴《ほうふつ》を得て（おおかた似てはいるものの）、清切なることを得ず（正確ではない）。是れ梵字にあらざれば、長短別《わきま》え難し（梵字を用いなければ、音の長短の相違がわからない）。源《みなもと》を存するの意（インド伝来の原語をそのまま用いる意味）、其れ茲《ここ》に在り。（『弘法大師全集』第一輯、91頁。原漢文）

※…（　）内筆者

この一文は、弘法大師が梵字に対する基本的見解を述べた文章として有名です。すなわち、梵字は翻訳しないでそのまま用いることによって、音の長短を正確に伝えることができます。言い換えれば、ほとけの真実語である種子《しゅじ》・真言・陀羅尼を梵字で標幟《ひょうじ》することによって、真理を悟ることができるのです。このように梵字は、密教教義を理解するための中枢のはたらきをなしているのです。

同じく、『御請来目録』の仏像などの項に次のような記述があります。

法は本より言無けれども（教えは本来言語によるのではないが）、言に非ざれば顕《あらわ》れず（言語によらなければ顕すことができない）。真如（真理）は色（物質）を絶すれども、色（物質）を持って乃《すなわ》ち悟る。月指《がっし》（月を指す指）に迷うと雖《いえど》も、提撕《ていぜい》（教え・誡《いまし》め）極まりなし。目を驚かす奇観を貴ばず。誠に乃ち国を鎮め、人を利するの宝なり。加以《しかのみ》ならず、密蔵（密教の教え）深玄にして、翰墨《かんぼく》（筆と墨。文章の意）に載せ難し。更に図画を仮りて（図画を通して）、悟らざるに開示す（悟っていない者に教えさとす）。種種の威儀（図画に表現される種種の立居振舞い）、種種の印契《いんげい》、大悲（大いなる救い）より出でて一覩《いっと》（一目瞭然）に成仏す。経疏《そ》に秘略して（経典・注疏では深い教えを表現できない意）、之《これ》を図像に載せたり。密蔵の要（密教の教えの肝要）実に茲《こ》れに繋《かか》れり。伝法受法（法を伝え、法を受けること）、此れを棄《す》てて誰ぞ（これ以外に不可能という意）。海会《かいえ》（マンダラのこと）の根源、斯れ乃ち之に当たれり。（『弘法大師全集』一輯、95頁）

要約すれば、密教の教えは奥が深いので、ただ文章のみで表現することは難しい。したがって曼荼羅や祖師の御影を通して、悟りを表現するのです。密教の肝要は、実にこの点にあるということを述べています。『御請来目録』によれば、弘法大師は曼荼羅を数幅請来しています。尊像の曼荼羅の他に、種子《しゅじ》曼荼羅（梵字で標幟した曼荼羅）や三昧耶《さんまや》曼荼羅（仏の持物や印相で標幟された曼荼羅）も含まれています。

以上、見てきたように弘法大師は、梵字をほとけの世界をあらわす文字として、とても大切に扱っています。

この思想は、密教の教えとともに相承されていきます。そのためにも、相承されてきた梵字を正しく伝承していかなければなりません。そういうわけで、梵字を習うのにも、いくつかの約束があります。

◆ 梵字を習うためのルール ◆

梵字は、密教僧のさとりへのみちしるべ的な意味もあり、簡単に授かることがなかったと聞いています。現在、梵字は専門書が入手しやすくなったため誰にでも習うことができるようになりました。しかし、未灌《みかん》頂《じょう》（灌頂を受けていない）の者に、梵字を授けることには、専門家のなかにも賛否があります。

　私自身、こうして本書を執筆させていただいたのも、梵字に親しみを持っている方々に正しい知識を養って

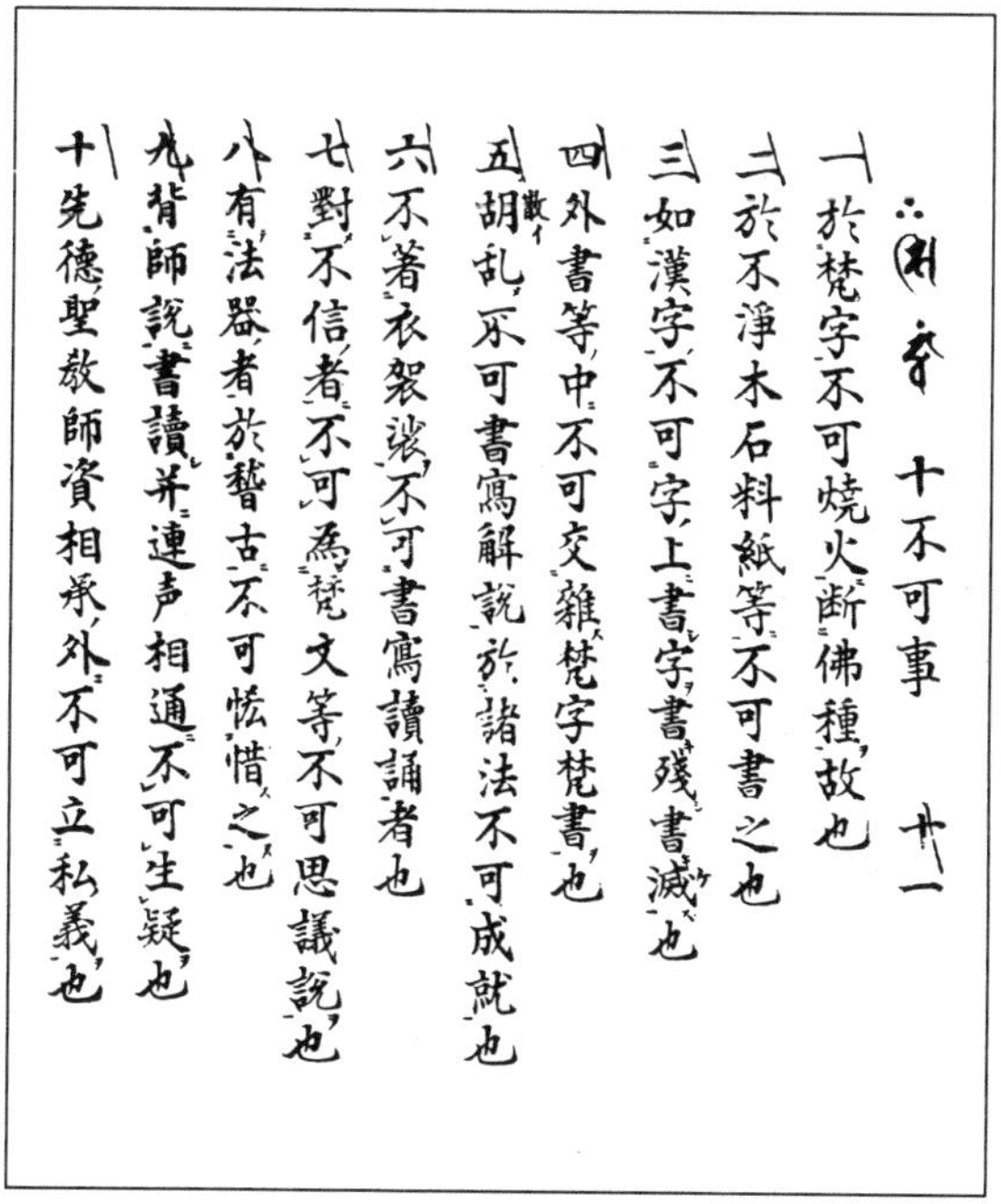
悉曇　十不可事　廿一
一　於梵字不可焼火断佛種故也
二　於不浄木石料紙等不可書之也
三　如漢字不可字上書字書殘書滅也
四　外書等中不可交雑梵字梵書也
五　胡乱（散）不可書寫解説於諸法不可成就也
六　不著衣袈裟不可書寫讀誦者也
七　對不信者不可爲梵文等不可思議説也
八　有法器者於瞽古不可悋惜之也
九　背師説書讀并連声相通不可生疑也
十　先德聖教師資相承外不可立私義也

悉曇十不可事

いただきたいからであります。

『悉曇十二通切紙大事《しったんじゅうにつうきりがみのだいじ》』と言って、悉曇灌頂《しったんかんじょう》（本書104～108頁を参照）を授かる際に、悉曇に関する奥旨を伝える印信《いんじん》（阿闍梨が秘法を伝授した証として弟子に授与する証書）があります。

　その十二通の終わりに、「此の十二通の切紙は、悉曇の奥旨なり。悉曇相承の弟子に非ざる者は、披見すべからず」とありますから、これを載せることはできません。ただし、このなかの十一通「シッタン十不可事」は、悉曇を習う上での誡《いまし》めを説いたものです。参考資料として紹介します。梵字はこのように大切に相承されてきたのです。

――〈シッタン十不可事〉――

一、梵文は打つこと莫《なか》れ。焼失すること勿《なか》れ。是れ仏種を断ずる罪咎《ざいきゅう》の故なり。

二、不浄の木石料紙等に之を書写すべからず。（紙が

ない場合、塗板に書くもよしの注あり）
三、漢字の如く、字の上に字を書し、書き残し、書き滅《け》すべからず。
四、外書《げしょ》（仏教以外の書籍）等の中に、梵字梵書を交雑すべからず。
五、胡乱《うろん》して（書きようも知らず）書写解説すべからず。諸法成就すべからず。
六、衣袈裟を着せず、書写読誦すべからず。
七、不信の者に対して、梵文等の不可思議の説をなすべからず。
八、法器《ほうき》（仏法を受けるに足る素質）の者に有《あり》ては、稽古《けいこ》に於《お》いて、之を悋惜《りんじゃく》すべからず。
九、師説に背き、書読し并《なら》びに連声《れんじょう》、相通に疑を生ずべからず。（教えの通りにする）
十、先徳の聖教《しょうぎょう》、師資相承《ししそうじょう》の外に私の義を立つべからず。
右、十不可は、先徳の所記なり。后学《こうがく》堅く禁止を守り、一として違犯すべからず者なり。悉曇梵文受学の式。最初加行《けぎょう》（悉曇加行）、五七日《ごしちにち》三時（初夜・日中・後夜）の作法をして、師伝を受く。摩多《また》体文《たいもん》を先ず暗誦せよ。阿闍梨に於いて、慇懃《いんぎん》に事《つか》へ、五度転章《ごたびてんじょう》して印可（印信許可《いんじんこか》）を受け、七度の熟練奥義を伝うべし。是れ先賢所学の法なり。

以上の十不可は、梵字を粗雑に扱わず、師に就いて習うことを強調しています。そして、習う場合、悉曇加行をすることを説いています。

―〈悉曇加行《けぎょう》〉―

次に悉曇加行の次第を掲げます。

悉曇前行法（加行に入る前に行ずる）

本尊文殊菩薩前

華　一前

洗米　二杯
礼拝　二十五度
護身法《ごしんぼう》（行者の身を浄め身心を堅固に守護する印と
　真言）
本尊真言　五百反
摩多体文　五反
祈願等
礼拝　五度
　右、三時之を行ず。

悉曇加行次第

先　華　一前
次　護身法
次　普供養印明《ふくよういんみょう》
次　摩多体文　七反
次　本尊真言　三反
次　般若心経　七反

　右、一七日の間、三時之を修す。（前行法、加行次第とも師説により多少の異なりあり）

　このような行法は、もちろん一般の方ができるものではありませんが、梵字悉曇を習う際は、本来はこういう心構えが必要とされるということを紹介いたしました。

梵字のしくみ ――「字母表」について

梵字の学び方には、一定の規準があります。「形《ぎょう》・音《おん》・義《ぎ》」と言って、梵字の字形、字音、字義の三つを基本としています。

そして、それらをわかりやすく説いたものが「字母《じも》表《ひょう》」(29~32頁を参照)です。字母とは、音を表記する母体となる文字のことを指します。梵字の字母は経典によって異なりますが、現行の相承悉曇《しったん》では、五十一字母を説いています。五十一字母は、『大日経』や『金剛頂経』に説かれている五十字が基本になっています。一字多いのは、『悉曇字記《じき》』や『法隆寺貝葉』に配列されている《ラン》(llaṃ)が加えられているためです。

次に、字母表に基づき字母の構成について、その概要を学ぶこととします。

◆梵字悉曇字母表について◆

字母表とは、梵字悉曇の音韻組織の一覧表を指します。梵字の習字帖には必ず説かれています。内容は、悉曇文字を中心に、それぞれの読み方、字義、漢字音、点画《てんかく》などが表示されています。

いま、後に掲げた字母表は、著者の著書『梵字必携』(朱鷺書房刊)からの転載ですが、坂井榮信師の『梵字悉曇習字帖』のものを基本にしています。梵字悉曇の組織がひと目見てよくわかるように説かれています。字母表としては最良のものと思います。

さて、字母の構成を図示すれば、以下のようになります。

梵字字母

- 摩多《また》
  - 通摩多《つうのまた》—十二字
  - 別摩多《べつのまた》—四字
  - 十六字
- 体文《たいもん》
  - 五類声《ごるいじょう》—二十五字
  - 遍口声《へんくしょう》—八字
  - 三十三字
- 重字《じゅうじ》
  - 同体重《どうたいじゅう》—一字
  - 異体重《いたいじゅう》—一字
  - 二字

五十一字

◆摩多《また》◆

摩多とは母音のことで、現行梵字悉曇では通摩多《つうのまた》と別摩多《べつのまた》に分類されます。通摩多とは梵字悉曇十八章《じゅうはっしょう》切継《きりつぎ》に通じて使用する摩多という意味で、十二字の母音を指します。別摩多の四字とは、梵字悉曇十八章切継のうち、第十六章に限って使用されるのでこの名前があります。また、別摩多とは特殊母韻として説かれています。すなわち、活用が極端に少ないため、別摩多とした説です。しかし、別摩多は現行梵字悉曇の相承で、弘法大師の『梵字悉曇字母并釈義《ならびにしゃくぎ》』や『大日経』『金剛頂経』に説かれている配列では、第六摩多（𑖂《ウー》）と第七摩多（𑖊《エー》）の間に列位しています。

(1) 通摩多《つうのまた》

十二摩多のうち、はじめの六摩多は一対を短長の形に組み合わせています。ア（a）、アー（ā）、イ（i）、イー（ī）、ウ（u）、ウー（ū）の三組は単母音です。つぎのエー（e）は複合母音でaとiの複合、アイ（ai）は複合のもとの形の二重母音となります。オー（o）、アウ（au）の組み合わせも同様で、oはaとuの複合、auは複合のもとの形の二重母音になります。

次に、終わりの二文字・（ṃ）、：（ḥ）は、母音扱いとなりますが、正確には母音ではなく、母音との組み合わせによってはじめて発音可能になります。

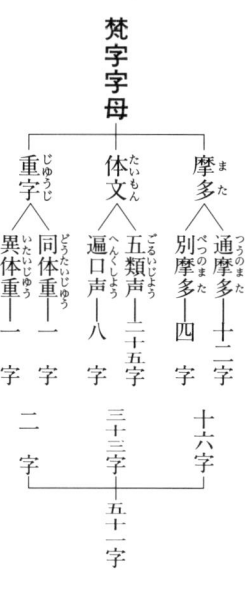

梵字悉曇では、それぞれ空点、涅槃点と呼びます。字母表ではア字との組み合わせで、アン、アクと発音されます。

(2) 別摩多《べつのまた》

リ（ṛ）・リー（ṝ）、リョ（ḷ）・リョー（ḹ）の四字を特殊母音扱いとしているのは『悉曇字記』の所説です。つまり、『悉曇字記』の講述者である南天《なんてん》竺《じく》般若菩提《はんにゃぼだい》の頃には、すでにこの四母音の活用は少なくなっていたものと考えることができます。

◆ 体文《たいもん》 ◆

体文の体とは本体という意味で、文とは文字のことです。すなわち、梵字悉曇十八章切継の本体となる文字を指して、体文と呼んでいます。厳密には子音表記ですが、梵字悉曇では、三十三字すべてにアの母音をつけて発音されます。

体文三十三字の配列は、発音種別順に並んでいます。はじめの二十五字は、五字一組で五類から成るので五《ご》類声《るいじょう》、あるいは五句と呼んでいます。一例をあげて説明すると次のようになります。

(1) 五類声《ごるいじょう》

字母表の五類声の第一句、十七番〜二十一番の発声器官は喉音《こうおん》です。発音種別の欄に、以下五字喉音・清《せい》・無《む》とあるのは、発声器官は喉音、清音で無気音という意味になります。次の十八番キャ（佉）字は同・有《ゆう》とあります。清音で有気音《ゆうきおん》で発音しなさいとの意味です。十九、二十は、同じく喉音で、それぞれ濁《だく》音《おん》で無気音、有気音に分類されます。そして終わりは鼻音《びおん》です。第二句以下第五句まで発声器官が変わるのみで構成は同じです。

(2) 遍口声《へんくしょう》

五類声の次、四十二番ヤ（野）から四十九番カ（賀）の八字は遍口声と呼ばれています。満口声《まんくしょう》とも呼ばれ、口を大きく開いて発音するとき、気息が口のなかに遍満するのでこの名称があります。重字二字を含めて、遍口声十字とする説もあります。

◆ 重字《じゅうじ》 ◆

重字は、文字の結合の法則を二字で代表して説かれたものと考えられます。

(1) 同体《どうたい》重字

五十番のラン（llaṃ）は同じ体文の合成《ごうじょう》（切継《きりつぎ》）であるから同体重字と呼びます。

(2) 異体《いたい》重字

五十一番のキシャ（kṣa）は異なる体文の合成であるから異体重字と呼んでいます。

つまり、重字二字は、摩多体文の次に修得する梵字悉曇十八章の切継の法則を示唆している文字と考えることができます。字母表を単に音韻の組織表と見るばかりではなく、梵字習得の手本として扱うのが、伝統的な相承方法です。

◆ 摩多点画《てんかく》 ◆

摩多点画とは、母音符号のことで、加点《かてん》摩多ともいいます。体文各字はすべてアの母音を符して発音されますが、ā以下の母音をともなう場合、十二摩多を点画（母音符号）の形に変えて、体文各字の決まった位置に符します。字母表のなかで□印は梵字をあらわし、それぞれ点画を打つ位置を示しています。すなわち、母音の転声法を説いています。体文各字は十二点画をもって、十二転声されます。梵字悉曇十八章切継のなか、第一章はこの法則を説いています。

◆切継半体《きりつぎはんたい》◆

体文各字は、表のようにそれぞれ上半体、下半体に分離されます。体文を二字以上切継する場合、上半体の終画（点線）に下半体を直接継ぎ合わせます。このように文字の結合のしかたを表示したものを切継半体と言います。例をあげると、padma《パドマ》（ハンドマ、蓮華）を梵字で書写する場合、dma が切継になります。つまり、da の上半体に ma の下半体を継げばよいわけです。𑖢《ハン》𑖟𑖿𑖦《ドマ》となります。この切継の法則を示したものが、梵字悉曇十八章です。

◆読法《どくほう》◆

梵字の読み方には、中天《ちゅうてん》相承と南天《なんてん》相承があります。真言宗は中天、天台宗は南天を相承しています。

以上が、字母表の概説です。字母表が梵字悉曇習得の基本となります。前述した形・音・義の三科が字母表によって簡潔に示されています。

しかし、字母を習得したのみでは、まだ不充分です。次の段階として、十八章切継へと進みます。

一、摩多十二字・別摩多四字

番号	1	2	3	4	5	6	7	8	9	10	11	12
	通摩多											
漢字音訳	阿	阿引	伊	伊引	塢	汚引	曀	愛	汚	奧	闇	悪
ローマ字表記	a	ā	i	ī	u	ū	e	ai	o	au	aṃ	aḥ
読法 中天音	ア	アー	イ	イー	ウ	ウー	エー	アイ	オー	アウ	アン	アク
読法 南天音	ア	アー	イ	イー	ウ	ウー	エ	エー	オ	オー	アン	アク
発音種別	以下六字単母音 喉音	同	顎音	同	唇音	同	以下四字複母音 喉・顎	同	喉・唇	同	随韻	止声
字義	本不生	寂静（虚空）	根	災禍	譬喩	損減	求	自在（自相）	瀑流（執瀑流）	化生（変化）	辺際	遠離

二、体文 三十二字

番号	17	18	19	20	21	22	23	24
					五類声一句		五類声二句	
						摩多 別		
悉曇文字								
異体字（別体）								
切継半体 上部								
切継半体 下部								
漢字音訳	迦	佉	誐	伽	仰	遮	磋	惹
ローマ字表記	ka	kha	ga	gha	ṅa	ca	cha	ja
読法 中天音	キャ	キャ	ギャ	ギャ	ギャゥ	シャ	シャ	ジャ
読法 南天音	カ	カ	ガ	ガ	ガ	サ	サ	ザ
発音種別	以下五字喉音・清・無	音・清・無	同・有	濁・無	鼻音	以下五字顎音・清・無	同・有	濁・無
字義	離作業（作業）	等虚空（等空）	行	一合（一合相）	支分	離一辺遷変（遷変）	影像	生

番号	13	14	15	16
	多		別	
悉曇文字				
異体字（別体）				
切継半体 上部				
漢字音訳	哩	哩引	呂	嚧
ローマ字表記	r̥	r̥̄	l̥	l̥̄
読法 中天音	リ	リー	リョ	リョー
読法 南天音	キリ	キリ	リ	リ
字義	神通	類例	染	沈没

五類声五句		五類声四句					五類声三句					同二句	
38	37	36	35	34	33	32	31	30	29	28	27	26	25

頗	跛	曩	駄	娜	他	多	拏	荼	拏	咤	吒	孃	酇
pha	pa	na	dha	da	tha	ta	ṇa	ḍha	ḍa	ṭha	ṭa	ña	jha
ハ	ハ	ナウ	ダ	ダ	タ	タ	ダウ	ダ	ダ	タ	タ	ジャウ（ニャウ）	ジャ
ハ	ハ	ナ	ダ	ダ	タ	タ	ダ	ダ	ダ	タ	タ	ザ	ザ
同・有	以下五字唇音 清・無	鼻音	同・有	濁・無	同・有	以下五字歯音 清・無	鼻音	同・有	濁・無	同・有	以下五字舌音 清・無	鼻音	同・有
不堅如聚沫（不堅）	第一義諦（第一義）	名	法界	施（施与）	住処	如々	諍（諍論）	執持	怨敵（怨対）	長養	慢	智	戦敵

遍口声			遍口声								同五句		
51	50		49	48	47	46	45	44	43	42	41	40	39
		三、重字											
			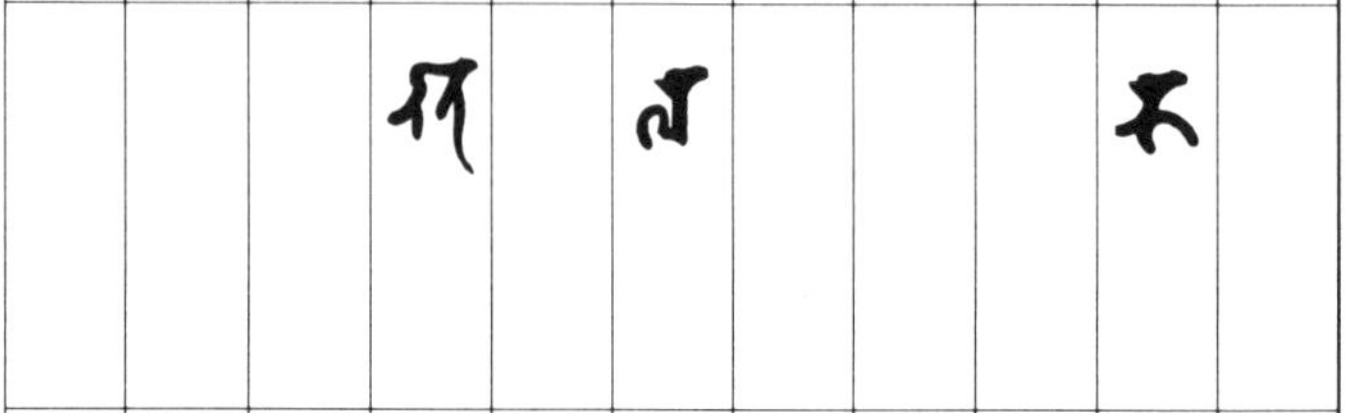										
			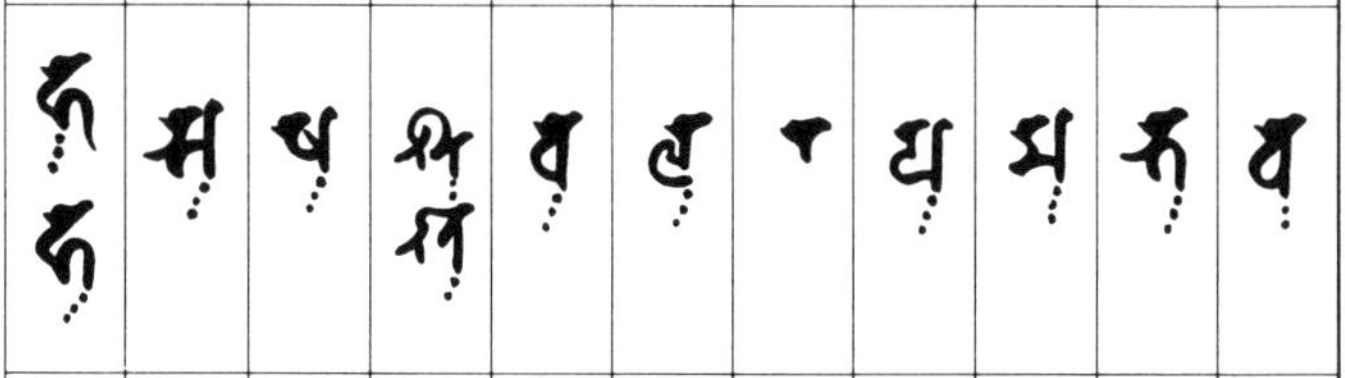										
		二字	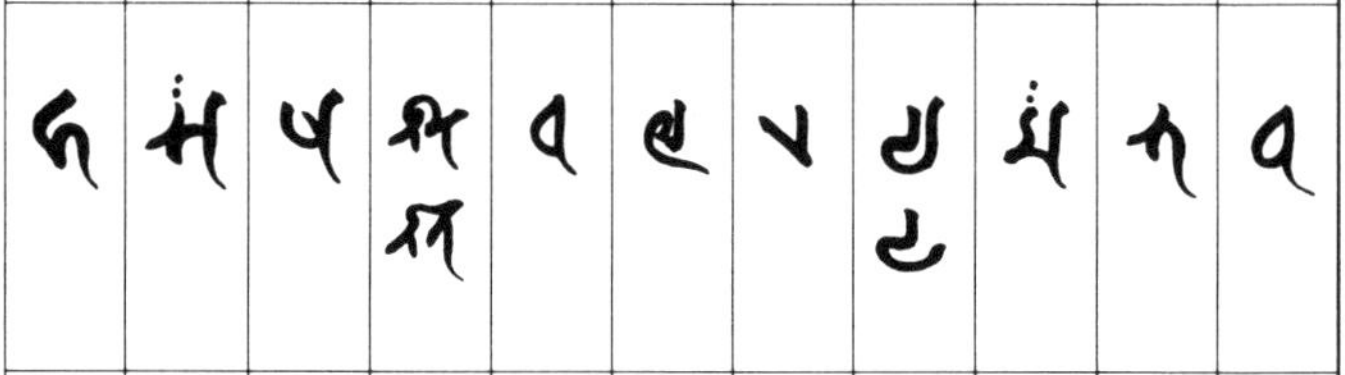										
乞灑	濫		賀	娑	灑	捨	嚩	邏	囉	野	莽	婆	麽
kṣa	llaṃ		ha	sa	ṣa	śa	va	la	ra	ya	ma	bha	ba
キシャ	ラン		カ	サ	シャ	シャ	バ	ラ	ラ（アラ）	ヤ	マウ	バ	バ
サ	ラン		カ	サ	シャ	シャ	バ	ラ	ラ	ヤ	マ	バ	バ
異体重	同体重					以下三字隔舌音				以下八字遍口声以下四字半母音	鼻音以上五組廿五字五類声	同・有	濁・無
盡	（都除）		因（因業）	一切諦（諦）	性鈍	本性寂	語言道断（言説）	相	離諸塵染（塵垢）	乗	吾我	有	縛

梵字の切継

前項では梵字のしくみについて、字母表を使って学びました。もう一度簡単に復習してみましょう。

現行の梵字悉曇《しったん》における字母数は、五十一字を相承しています。五十一字は、摩多と体文から構成されています。さらに、摩多は通摩多《つうのまた》十二字と別摩多《べつのまた》四字から成り立っています。体文も重字二字を加えると三十五体文を数えます。

字母表では、体文三十五字はすべてア音をもって発音されます。しかし、母音はアのみではなく、アを含めて十六母音を数えます（前項の字母表を参照）。つまり、体文各字はアー以下の各母音をともなって発音が可能となります。

十六母音のなかで、特に通摩多の十二母音を体文各字に符して、十二通りの母音を転声《てんじょう》させます。梵字悉曇では、体文のアー以下の十一字各字を表記する独立の文字は存在しません。そこで、アー以下の各母音字を符号に変えて、それぞれ決められた位置に打って母音を転声させます。

体文の《キャ》（ka）字を例にあげると、次のようになります。

すなわち、（ア点）、（アー点）、（イー点）、（イー点）、（ウ点）、（ウー点）、（エー点）、（アイ点）、（オー点）、（アウ点）、（空点）、（涅槃点）の十二点が母音符号となります。これらの母音符号を専門的に摩《ま》

多点画《たてんかく》、あるいは点画《てんかく》と呼びます。

　摩多点画は、体文が異なっても基本的に打つ位置や符号そのものの形は変化しません。ただし、ウ、ウー点のように数種類の形をともなう点画も存在します。詳しくは、前項の字母表のなかの、摩多点画の部分を参照してください。体文は、重字《ラン》（llaṃ）字を除く三十四体文すべて十二転します。

　このように、字母の組織をマスターしてから、次に十二転声を学んでいきます。

◆悉曇章《しったんじょう》とは◆

　梵字は一字一音節の表音文字です。梵字の綴《つづ》り方には、子音字が二つ以上重なって成り立つ言語がたくさん出てきます。

　これらの言語の文字を書写するときは、各体文の上半体と下半体を切継《きりつぎ》して合成字《ごうじょうじ》を造ります（前項を参照）。子音字が二つ重なれば二字合成字、三つ重なれば三字合成字となります。この結合の方法を一般に悉曇切《きり》継《つぎ》、あるいは合成《ごうじょう》と呼んでいます。

　そして、この法則を示したものが悉曇章《じょう》です。

　悉曇章とは、狭義には字母表を指しますが、広義には、梵字の切継の法則を説いたものを言います。悉曇章の章とは、一定の順を追って配列された音韻の組織表のことで、十一章、十二章、十四章、十八章などの章立てがあります。相承悉曇学では、『悉曇字記《じき》』に説かれている十八章を基本として伝えています。

　悉曇十八章の伝承は、師《し》資相承《しそうじょう》によって行われます。十八章を書写完成させることを建立《こんりゅう》と言い、完成した悉曇章を双紙《そうし》と呼びます。

　悉曇章の書き方には、縦書き、横書きの二形式が相承されています。形式については、阿闍梨《あじゃり》の指示にしたがうことが大切です。

◆悉曇十八章とは◆

悉曇十八章は、『悉曇字記』に説かれています。『悉曇字記』は、南インドの般若菩提《はんにゃぼだい》が説かれた悉曇と言われ、それを唐の智廣《ちこう》が筆記して伝えた書物です。日本には弘法大師空海によって初めて紹介されています。

悉曇十八章を梵字習得のテキストとして用いたのは、平安時代の天台宗の学匠五大院安然《あんねん》（八四一～九一五頃）です。安然は、自著『悉曇蔵《ぞう》』のなかで、悉曇学のテキストに『悉曇字記』を引き、そのなかに説かれている「悉曇十八章」を特に強調して説いています。

悉曇十八章は、音韻組織が比較的簡便に説かれていることもあり、安然以降、真言宗でも悉曇十八章を相承しています。現行の十八章も基本的には、『悉曇字記』に説かれているものが採用されています。

しかし、真言宗には、弘法大師によって請来された『梵字悉曇章』があり、それを基本にして著された『大悉曇章』があります。この二つの『悉曇章』は、文字の建立数が一五〇〇〇字から一六〇〇〇余字説かれており、そのなかにはかなり難解な文字も説かれています。平安時代に制定された「真言宗三業度人《さんごうどにん》」のなかの「声明業《しょうみょうごう》」には、『大悉曇章』の暗誦、書写が定められています。

江戸時代の学匠、寂厳《じゃくごん》（一七〇二～一七七一）は、『梵字悉曇章稽古録《けいころく》』、『大悉曇章稽古録』を著し、弘法大師相承の悉曇章の普及に努力しましたが、これも一過性に終わっています。

いっぽう、『悉曇十八章』は、約六五〇〇余字が建立されており、初心者の入門には理解が容易と思われます。

◆悉曇十八章のしくみ◆

第一章は、冒頭に述べたように、ラン字を除く三十四体文に、それぞれ十二点画を符して、母音を転声します。この章では四〇八字を建立します。

〈𑖎《キャ》字十二転の例〉

𑖎《キャ》 𑖎𑖯《キャー》 𑖎𑖰《キ》 𑖎𑖱《キー》 𑖎𑖲《ク》 𑖎𑖳《クー》 𑖎𑖸《ケイ》 𑖎𑖹《カイ》 𑖎𑖺《コウ》 𑖎𑖻《コウ》 𑖎𑖽《ケン》 𑖎𑖾《キャク》

第二章から切継になります。第二章は、体文各字に𑖧《ヤ》の下半体 𑖧 を切継します。建立数三八四字。

〈𑖎𑖿𑖧《キャ》字十二転の例〉

𑖎𑖿𑖧《キャ》 𑖎𑖿𑖧𑖯《キャー》 𑖎𑖿𑖧𑖰《キイ》 𑖎𑖿𑖧𑖱《キイー》 𑖎𑖿𑖧𑖲《クユ》 𑖎𑖿𑖧𑖳《クユー》 𑖎𑖿𑖧𑖸《キエイ》 𑖎𑖿𑖧𑖹《キャイ》 𑖎𑖿𑖧𑖺《コヨウ》 𑖎𑖿𑖧𑖻《コヨウ》 𑖎𑖿𑖧𑖽《キエン》 𑖎𑖿𑖧𑖾《キャク》

第三章、体文各字に𑖨《アラ》の下半体 𑖨 を切継します。建立数三九六字。

〈𑖎𑖿𑖨《キャラ》字十二転の例〉

𑖎𑖿𑖨《キャラ》 𑖎𑖿𑖨𑖯《キャラー》 𑖎𑖿𑖨𑖰《キリ》 𑖎𑖿𑖨𑖱《キリー》 𑖎𑖿𑖨𑖲《クル》 𑖎𑖿𑖨𑖳《クルー》 𑖎𑖿𑖨𑖸《キレイ》 𑖎𑖿𑖨𑖹《キライ》 𑖎𑖿𑖨𑖺《コロウ》 𑖎𑖿𑖨𑖻《コロウ》 𑖎𑖿𑖨𑖽《キャラン》 𑖎𑖿𑖨𑖾《キャラク》

第四章、体文各字に𑖩《ラ》の下半体 𑖩 を切継します。建立数三八四字。

〈𑖎𑖿𑖩《キャラ》字十二転の例〉

𑖎𑖿𑖩《キャラ》 𑖎𑖿𑖩𑖯《キャラー》 𑖎𑖿𑖩𑖰《キリ》 𑖎𑖿𑖩𑖱《キリー》 𑖎𑖿𑖩𑖲《クル》 𑖎𑖿𑖩𑖳《クルー》 𑖎𑖿𑖩𑖸《キレイ》 𑖎𑖿𑖩𑖹《キライ》 𑖎𑖿𑖩𑖺《コロウ》 𑖎𑖿𑖩𑖻《コロウ》 𑖎𑖿𑖩𑖽《キャラン》 𑖎𑖿𑖩𑖾《キャラク》

第五章、体文各字に𑖪《バ》の下半体 𑖪 を切継します。建立数三八四字。

〈𑖎𑖿𑖪《キャバ》字十二転の例〉

𑖎𑖿𑖪《キャバ》 𑖎𑖿𑖪𑖯《キャバー》 𑖎𑖿𑖪𑖰《キビ》 𑖎𑖿𑖪𑖱《キビー》 𑖎𑖿𑖪𑖲《クブ》 𑖎𑖿𑖪𑖳《クブー》 𑖎𑖿𑖪𑖸《キベイ》 𑖎𑖿𑖪𑖹《キバイ》 𑖎𑖿𑖪𑖺《コボウ》 𑖎𑖿𑖪𑖻《コボウ》 𑖎𑖿𑖪𑖽《キャバン》 𑖎𑖿𑖪𑖾《キャバク》

第六章、体文各字に𑖦《マ》の下半体 𑖦 を切継します。建立数三八四字。

〈𑖎𑖿𑖦《キャマ》字十二転の例〉

𑖎𑖿𑖦《キャマ》 𑖎𑖿𑖦𑖯《キャマー》 𑖎𑖿𑖦𑖰《キミ》 𑖎𑖿𑖦𑖱《キミー》 𑖎𑖿𑖦𑖲《クム》 𑖎𑖿𑖦𑖳《クムー》 𑖎𑖿𑖦𑖸《キメイ》 𑖎𑖿𑖦𑖹《キマイ》 𑖎𑖿𑖦𑖺《コモウ》 𑖎𑖿𑖦𑖻《コモウ》 𑖎𑖿𑖦𑖽《キャマン》 𑖎𑖿𑖦𑖾《キャマク》

第七章、体文各字に𑖡《ナ》の下半体 𑖡 を切継します。建立数三八四字。

〈𑖎𑖿𑖡《キャナ》字十二転の例〉

𑖎𑖿𑖡《キャナ》 𑖎𑖿𑖡𑖯《キャナー》 𑖎𑖿𑖡𑖰《キニ》 𑖎𑖿𑖡𑖱《キニー》 𑖎𑖿𑖡𑖲《クヌ》 𑖎𑖿𑖡𑖳《クヌー》 𑖎𑖿𑖡𑖸《キネイ》 𑖎𑖿𑖡𑖹《キナイ》 𑖎𑖿𑖡𑖺《コノウ》 𑖎𑖿𑖡𑖻《コノウ》 𑖎𑖿𑖡𑖽《キャナン》 𑖎𑖿𑖡𑖾《キャナク》

第八章から第十四章までは、第一章から第七章までの各建立章の体文の上に𑖨《アラ》の上半体 𑖨 を加えます。すなわち、**第八章**は𑖨𑖿𑖎《アロキャ》となり、各体文が十二転します。建立数三九六字。

第九章、𑖨𑖿𑖎𑖿𑖧《アロキャヤ》 建立数三八四字。

第十章、《アロキヤラ》建立数三九六字。
第十一章、《アロキヤラ》建立数三八四字。
第十二章、《アロキヤバ》建立数三八四字。
第十三章、《アロキヤマ》建立数三八四字。
第十四章、《アロキヤナ》建立数三八四字。

第十五章、五類声《ごるいじょう》(前項の字母表の体文の部分を参照)の各句末の鼻音(《ギヤウ》《ニヤウ》《ダウ》《ナウ》《マウ》)を同種類の句の前四字の上に加えます。遍口声《へんくしょう》八字と重字《じゅうじ》(《キシヤ》)には、五類声第一句の鼻音を加えます。建立数三八四字。

第一句、《アウキヤ》《アウキヤ》《アウギヤ》《アウギヤ》
第二句、《アンシヤ》《アンシヤ》《アンジヤ》《アンジヤ》
第三句、《アンタ》《アンタ》《アンダ》《アンダ》
第四句、《アンタ》《アンタ》《アンダ》《アンダ》
第五句、《アンハ》《アンハ》《アンバ》《アンバ》
遍口声、《アウヤ》《アウラ》《アウラ》《アウバ》
重字、《アウシヤ》《アウキシヤ》《アウシヤ》《アウサ》《アウカ》

第十六章、別摩多《キリ》の下半体を切継します。当章の別摩多は母音であるから、ア、アー、アン、アクの四転声となります。建立数一三六字。
《キリ》《キリー》《キリン》《キリク》

第十七章、当章は難覚章《なんがくしょう》と言い、体文各字の上に決められた体文の上半体を加えます。切継する方の上半体の字母には一定の配列順序はありません。建立数三九六字。
《アソキヤ》《アソキヤ》《アダギヤ》《アダギヤ》等

第十八章、重字や記号を当章で扱います。当章は、前十七章に属さないすべての文字を収めていますが、相伝によって異なりがあります。したがって、建立数は一定していません。記号を例にあげておきます。

〈記　号〉

① 多《た》達《だつ》(生の画)。母音符(ア)を除いた

子音字（半体文）を作るときに体文の下部につける。

② 文頭に書く。イ字の省略。

③ 文末。読点にあたる。マウ（ma）字の省略。

④ 文末。句点にあたる。ダ（da）字の省略。

⑤ 畳句《じょうく》（同じ言葉をくり返すときに用いる）。シャ（cha）字の省略。

⑥ 滅滅点《げんめつ》（書き損じたときに、文字の上あるいは下にこの記号を符す）。ダウ（ṇa）字の省略。

⑦ 文章の終わりに符す。アン字の省略。

⑧ 文章の終わりに符す。アク字の省略。

※第八章から第十七章の各例はすべて十二転します。

以上、梵字の切継のしくみについて、十八章を例にとって説明しました。梵字悉曇の綴字法《ていじほう》は、この切継によって定められています。

梵字には一定規則があるということが、おわかりいただけたでしょうか。このように法則に基づいて書写された文字が、ほとけの文字と言えるのではないでしょうか。

梵字の記号

真言や陀羅尼を書写読誦する際に、一文のはじめや各句末、文末に記号を符したものを見受けます。比較的長文の真言や陀羅尼に多く見られます。

記号については、前項でも触れましたが、もう少し詳しく解説してみたいと思います。

江戸時代に梵字悉曇《しったん》復興に尽力され、多くの業績を遺された浄厳律師《じょうごんりっし》（一六三九〜一七〇二）の名著『悉曇三密鈔《さんみつしょう》』（『大正大蔵経』八十五巻、724頁）に、諸記号が説かれています。現在は、記号という言葉が一般的ですが、『悉曇三密鈔』には、「孤合半体《こごうはんたい》有レ形無レ音《かたちあれどこえなし》」と題されています。注にあるように、孤合半体とは、形があって音がない文字を指しています。

一例を示すと、文末に記す は、字形はありますが、読み方は記していません。体文 《ダ》（da）字の半体として用いられています。『悉曇三密鈔』に限らず、多くの悉曇の専門書は、諸記号を梵字の省略体として捉えています。

このように、記号を梵字の省略体や半体と見た場合は、字形的には梵字の一種ですが、用例を見るとやはり記号と等しい使われ方をしています。

◆多《た》達《だつ》の画（ヘ・ヘ）◆

多《た》達《だつ》（怛達）は、子音表記するときに用います。記号というよりは、むしろ文法的に意味のある点画の一種と見て大過ないと思います。

多達を生の画あるいは活点とも言います。たとえば、𑖎《キャ》（ka）を子音表記する場合を考えてみます。梵字を書くときには、必ず阿点（命《みょう》点）を打つことになっています。阿点から横画を除くと、すなわち阿点を欠きますから、理論上は 𑖎 （k）という子音表記になります。しかし、悉曇の伝統的な解釈では阿点（横画を含む）を打たない梵字は死字とされ、生字としての機能を発揮しません。そこで、𑖎 に生の画 𑖿 を加えて字を活かしてあげます。すなわち 𑖎𑖿 となります。これを半死《はんし》半生《はんしょう》の字と言い、発音も半音に呼びます。『悉曇三密鈔』（『大正大蔵経』八十五巻、779頁）には、𑖎𑖿《キャツ》・𑖏𑖿《キャツ》・𑖐𑖿《ギャツ》・𑖑𑖿《ギャツ》などの用例をあげ、「必ず半音に呼ぶ。半音は入声《にっせい》の如しなり」と説いています。ただし、古い資料のなかには、阿点を省かずに 𑖎𑖿《キャ》となっているものもあります。𑖎𑖿・𑖏𑖿などは立前上横画を省いたものと思われます。

この多達の点は 𑖀《ア》字の省略、生の字義である 𑖕《ジャ》字の省略、長養の字義がある 𑖙《タ》字の省略、𑖀𑖾《アク》字の省略など四説あるなか、第一と第四を正としていますが、𑖀《ア》字の省略と見るのはもっとも妥当性があります。

真言では、聖観音の 𑖌𑖼《オン》 𑖀𑖾《ア》 𑖨𑖺《ロ》 𑖨𑖰《リ》 𑖎𑖿《キャ》 𑖭𑖿𑖪《ソワ》 𑖮𑖯《カ》 に多達の点が用いられています。

◆文頭記号（𑗁）◆

梵字のはじめに用いる記号で、𑖂《イ》字の省略体と言われています。𑖂《イ》字には根本不《こんぽんふ》可得《かとく》の字義があり、ゆえに一文の最初にこれを書きます。

たとえば、梵文『般若心経』の冒頭をあげれば次のようになります。

𑗁 𑖡𑖺《ノウ》 𑖦𑖾《マク》 𑖭《サ》 𑖨𑖿𑖪《ラバ》 𑖕𑖿𑖗𑖯《ジャー》 𑖧《ヤ》 𑗂 𑖁《アー》 𑖨𑖿𑖧《リヤ》 𑖪《バ》 𑖩𑖺《ロ》 𑖎𑖰《キ》 𑖝𑖸《テイ》 𑖫𑖿𑖪《シバ》 𑖨《ラ》……

◆句末記号（𑗂・𑗃）◆

各句末に書かれる記号で、句読点の読点にあたります。

𑖦《マ》字の省略体と言われています。𑖦《マ》字の字義「吾我《ごが》」には差別《しゃべつ》の義があると説かれています。ゆえに各句の絶するところにこれを安《お》くものとされています。

◆文末記号（𑖟）◆

真言陀羅尼の終わりに書く記号で、句読点の句点にあたります。

𑖟《ダ》字の省略体と言われています。𑖟《ダ》字の字義「施与《せよ》」には、法界《ほうかい》に施与する義があり、回向《えこう》点とも呼ばれています。一文の終わりに用いて法界に回向するという意味で用いられています。

例　𑖌𑖼《オン》 𑖪《バ》 𑖪𑖕𑖿𑖨《ザラ》 𑖠《ダ》 𑖝𑖲《ド》 𑖪𑖼《バン》 𑖟

◆畳句《じょうく》（・・）◆

三つとも同じ用法で使われています。すなわち、前にある二字、三字をくり返すときに用います。𑖫《シャ》字の省略体と言われています。𑖫《シャ》字の字義「影像《ようぞう》」すなわち、「えすがた」は本質に相似し、必ず本質を映し出します。これらの記号を用いることによって、重字畳句（語句を重ねる）の意味を持たせています。

例　𑖦《マ》 𑖜𑖰《ニ》 《マニ》 𑖦《マ》 𑖮𑖯《カ》 𑖦《マ》 𑖜𑖰《ニ》
𑖪𑖰《ビ》 𑖕《ジャ》 𑖧《ヤ》 《ビジャヤ》

◆減滅《げんめつ》点（∴・∵）◆

∴の記号は、文字を抹消するとき、抹消する文字の頭部か下部に用います。

∵の記号は、同じ用法ですが、文字の上に重ねて用いる場合が多く見られます。どちらも、この記号を用いたときは、正しい字をその文字の傍《かたわら》か、真言陀羅尼の最後に書くと伝えられています。例証としては消した文字の傍に書いたものが多く見られます。

𑖟《ダ》字の省略体と言われています。𑖟《ダ》字の字義「諍論《じようろん》」は、諍《いさか》いのことで、諍いは必ず他を滅ぼすことから、字を滅するときにこの記号を用いています。

例　𑖌𑖼《オン》𑖭𑖽《サン》𑖦《マ》𑖧《ヤ》𑖭𑖝𑖿𑖪𑖽《サトバン》

◆章末記号◆

㈠、※・※・※・◎・×・※・※

これらの記号は、一部の終わりに用いられます。

𑖀𑖽《アン》字の省略体と言われています。

㈡、⁑・×

これらの記号も梵文の終わりに用いられます。

𑖀𑖾《アク》字の省略体と言われています。

◆その他の記号◆

ヽく　この記号は、お札《ふだ》に用いられます。𑖂《イ》字の省略体と言われていますが、他に四天王、水字の省略体などいくつかの説があります。

これらのなかで水字の説について簡単に触れておきます。

ヽく　は、水の字の左右をあらわしたもので、お札に用いられています。すなわち、水という字の真ん中の亅をお札に見たてると水字になります。ヽく　は火防鎮宅に利益があるとされています。

以上が、諸記号についての全容です。

日本梵字悉曇学は、これらの記号を梵字の省略体としてとらえ、それぞれに意義を与えているところに、その特色があらわれています。

第二章　ほとけの種子を書こう

「ア」字を書こう

梵字は弘法大師がお伝えになって以来、千二百年の歴史を持ち、その間密教とともに相承されてきました。こうした永い伝統のある梵字を読者のみなさんと一緒に勉強し、また、私が授かった梵字を少しでもお手伝いしていくのが、本書に与えられた使命ではないかと私は考えています。

そこでこの章では、前章と少々方向を変えて梵字を見ていくことにします。

日本に伝来した梵字は、礼拝対象としての性格が強いために、文字を書写することも大切な要素の一つになりました。昔から、梵字理解の近道は書法をマスターすることだとも言われているように、これまで数多くの梵字手本類が刊行されてきました。手本には、まず最初に字母表が説かれています。前章で学んだように、字母とは摩多《また》と呼ばれる母音と体文《たいもん》と呼ばれる子音の総称で、あらゆる梵字の根本（母体）の字という意味でこう呼ばれています。現行梵字の字母表の構成は、通摩多十二字、別摩多四字、体文三十三字、重字二字の五十一字母から成り立っています。

そして、その最初に説かれているのが「𑖀《ア》（阿）」字です。通常梵字を習うときは、まず**ア**字から授かるのです。

◆深秘なる文字「𑖀」◆

弘法大師が著した『梵字悉曇字母并釈義《ならびにしゃくぎ》』には、𑖀《ア》字の発音・特性・字義《じぎ》（一つ一つの文字の深義）

などが説かれています。すなわち「阿、音は阿。訓は無・不・非なり。阿字は是《こ》れ一切法教の本《もと》なり。凡《およ》そ最初に口を開く音は皆《みな》阿の声あり。若《も》し阿の声を離れては則ち一切の言説なし。故に衆声の母として又衆字の根本となす。一切諸法本不生《いっさいしょほうほんぷしょう》の義なり。内外の諸教皆此の字より出生す」。

このように、弘法大師は**ア**字を衆声の母、衆字の根本と考えて、これらの特性を持つ阿字の字義を、一切諸法本不生《ほんぷしょう》（概約＝すべての現象は、本来不生不滅《ふしょうふめつ》である）と説いているのです。

字義は、字形・字音と合わせて形音義《ぎょうおんぎ》と言い、梵字悉曇の重要な要素を形成しています。

梵字は表音文字であるため、梵字そのものには直接意味がありません。印度《インド》では、子供に文字を教えるのに、その文字が頭につく言葉を併《あわ》せて教える風習があったと言われています。日本でもアやイなどを表現するときに、アはアサヒのア、イはイロハのイなどと言いあらわし、その言葉の正しい発音を教える便法に用いています。この〝アサヒ〟や〝イロハ〟が宗教的意義を持ったときに、字義《じぎ》の観念が生まれるのです。

梵字の字母にはそれぞれ意義が与えられています。経典によって多少の違いはありますが、通常**ア**字には「本不生不可得《ほんぷしょうふかとく》」という字義が与えられています。これをおおまかに要約すると「**ア**字はすべての根本で、本来不生不滅なる存在であるということは、いくら推察しても認知することはできない」という意味です。厳密にはもっと複雑な解釈がありますが、ここでは概約にとどめておきます。原語はādy-anutpāda《アーディヤヌトパーダ》で、本不生と漢訳されています。

字義も正確に分類すると、字相・字義になります。字相とは字の相《すがた》だけとらえて言う場合で、世俗的で浅《せん》略《りゃく》な解釈です。字義は文字の持つ神秘な実義を解釈することで、密教で言う字義はこれにあたります。**ア**字で言うなら字相は「本不生」、字義は「一切諸法不生不可得」となります。
字義はしばしば観法に用いられています。そのなかでも**ア**字を本尊として行うことを「阿字観」といい、密教の瞑想法としてもっとも普及している観法の一つです。
また、**ア**字には諸尊を象徴する種子としてのはたらきもあります。**ア**字を種子に持つものは数十尊にも及びますが、胎蔵界大日如来をあらわすとするのが一般的です。それでは、実際に**ア**字を書いてみましょう。

◆ア字を書いてみよう◆

ア字は、塔婆や位牌など書く機会が多く、頻出度も他の文字に比べて圧倒的に高いのですが、書く上で一番難しい梵字とも言えます。「阿字書き三年、阿字一生」という言葉もあるくらいです。
次頁に、できるだけ大きく**ア**字を掲載しました。この手本をそばに置いて、あるいは薄紙の下に敷いてみなさんも**ア**字を書いてみてください。

筆順1　この点画《てんかく》をア字命点《みょう》（命点）、ア点、発心《ほっしん》点などと呼び、日本相承《そうじょう》悉曇字の書法上、特に重要視されている口伝《くでん》です。冒頭に述べたように、**ア**字はすべての文字の根本であることをあらわしており、したがって、すべての文字には命点を必ず打つことになっています。命点を打たないものは単なる文字に過ぎず、ほとけの文字としての悉曇ではないと相承されています。
運筆は、矢印のように、斜め（紙面に対して約四十五度位）に筆を入れ軽く押さえて止めます。

筆順2　命点からそのまま筆を離さないで、筆先を斜め右上方に押し上げ、引き続き横画へ移る（矢印1と2）横画の引き終わり（矢印2′）は軽く押さえ、そのまま矢印3の方向に運筆し軽く筆を押さえて止めます。引き続き、筆を点線の矢印のように戻します。このとき筆圧を加えないで、斜画をなぞるように○印の

ア

筆順
1
2
3
4
5

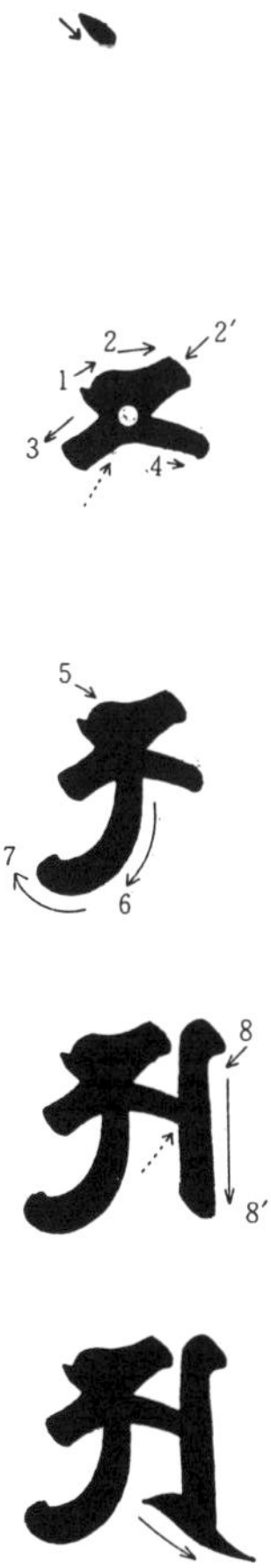

古体の書き方

◀刷毛筆きは、毛筆と書き順が違う（古代は毛筆もこの筆順が一般的だった）

参考書体

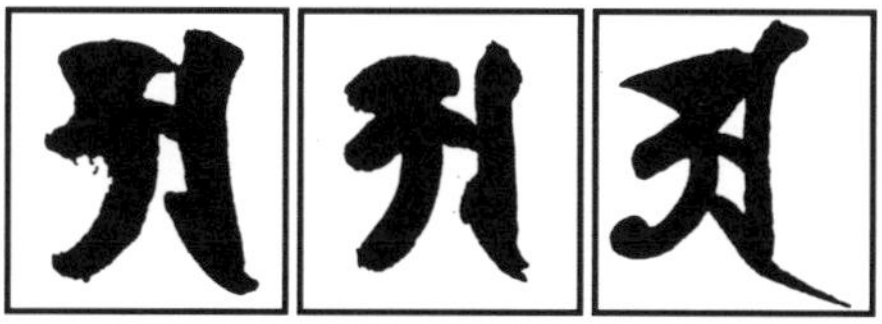

智満書　慈雲書　澄禅書

あたりまで戻し、ここで筆を入れて、すぐ斜め右下へ引き下げて筆をおさめます（矢印4）。筆順1と2は実際には一連の動作で運筆していきます。

筆順3　横画の中心または命点の引き終わりから筆を入れ（矢印5）、徐々に筆圧を加えながら左斜め下へ矢印6のように運筆します。このとき丸みを加えながら筆を引いていき、筆の終わりは手首を押し上げていったん筆を止め、穂先をおさめながら筆を戻します（矢印7）。

筆順4　命点と同じ要領で筆を入れ、そのまま左斜め下方に少し引き下げ（矢印8）筆を止めずにそのまま矢印8′へ一気に引き下ろします。このとき終筆はやや内側へ筆を押しつけるようにしておさめます。

筆順5　この点画は鶯《うぐいす》点と別称します。その形が鶯の谷渡りに似ているところからです。運筆は、縦画の終画へ筆の元をひっかけて下ろします。このとき筆管は右斜め上の方向に倒れる形となり、掌《てのひら》あるいは親指の爪が上を向き、穂先は下側を通る逆筆となります。筆が縦画と交わったあたりから、肱《ひじ》を開きながら引き、ゆっくり毛先をおさめながら筆を抜きます。

これで**ア**字ができあがりました。

ア字以外も含めて、梵字を書くときには、筆を紙面に垂直にあてるのではなく（なかには垂直にあてる運筆もありますが）、少し側筆気味に運筆するほうが安定感のある文字が書けます。

◆ 荘厳《しょうごん》されたア字 ◆

次に**ア**字からの出生《しゅっしょう》で五点具足《ぐそく》**ア**字というのがあります。**ア**字に命点・雲形《くもがた》点・長阿《ちょうあ》点・空《くう》点・涅槃《ねはん》点の五種類の点をつけたもので、文字が持つはたらきの五つの徳を示したものと解釈します。ちなみに、雲形点を除く四点は、発心《ほっしん》（命点）・修行（長阿点）・菩提（空点）・涅槃をあらわします。また雲形点は、この場合ウ点ではなく長阿点の異形で、これに涅槃点を加えて方便《ほうべん》（悟りの世界へ導くために用いられる手段）をあらわします。すなわち《ア》（発心）、《アー》（修行）、《アン》（菩提）、《アク》（涅槃）、《アーク》（方便）となり、これを一字であらわすと《アーンク》となるのです。一例として、このアーンクも書き方を示しておきます。おもに五点具足字が用いられるのは、胎蔵界大日如来（アーンク）と、金剛界大日如来（バーンク）の二字ですが、稀《まれ》に観音の種子や塔婆の《キャ》・《カ》・《ラ》・《バ》・《ア》に五点具足を用いたものもあります。しかしこれらの五点具足の梵字は、字形として存在しても正確な字音はありえません。

ここに掲げた手本は、初心者向けのもので一つの規格を示したに過ぎません。慣れていくうちに、参考書体のような安定した文字が書けるようになれば一人前と言えるでしょう。

梵字は、書法上の口伝が多く、独学では難しい面もあります。本当は一度、専門家の指導を仰ぐのがよいでしょう。

アーンクもア字同様に刷毛と毛筆で筆順が違う

不動明王の種子——カン・カンマン

すでに述べてきたように、梵字は、ほとけの悟りの世界を文字で象徴的にあらわしたもので、仏像や仏画と同等の価値観のもとに成立しています。

ほとけを文字であらわしたものを種子《しゅじ》（種字）と呼んでいます。諸尊はみな種子を持っています。金剛界曼荼羅、胎蔵界曼荼羅は通常尊像であらわしていますが、種子であらわした曼荼羅もあります。

種子とは、サンスクリット語のビージャ（bīja）の訳で、植物の種の意味があります。植物の葉や花などは、最初から葉や花が咲いているわけではありません。まずその植物の種を蒔き、その種が太陽や雨などの間接的条件（縁《えん》）によって次第に種から芽や根が出て、やがて花を咲かせます。

梵字の種子も、尊像と種子では形相に違いがありますが、親植物（花や葉）と種の関係のように、同一生命で結ばれていると説かれています。一つの種からたくさんの果実を生ずるように、一字の種子は無量の功徳をもたらしてくれます。

また、植物の種は、これから伸びてくる根や茎、果実を実らせる因《いん》を含んでいます。梵字も一字のなかに無量の功徳を含蔵しています。

弘法大師空海は、『即身成仏義《そくしんじょうぶつぎ》』のなかの四種曼荼羅を説く部分で次のように述べています。「法曼荼羅、本尊の種子真言なり。もしその種子の字を各本位（諸尊の配された位置）に書く、是れなり。また法身の三《さん》摩地《まじ》（法身仏の境地）、及び一切契経《いっさいかいきょう》（仏陀の説かれ

た経典）の文義等、皆是れなり。また法智印（仏の智慧を象徴するしるし）と名づく」※…（ ）内筆者

すなわち、弘法大師は種子も尊像と同じように密教の教理を明かす重要なキーワードとして大切に扱っています。ですから、私たち真言宗の僧侶は、梵字の相承を決して疎《おろそ》かにはしません。ア字命点《みょうてん》を打たなかったり、空点、涅槃点を粗雑に書いたりすると、それはただの梵字であり、ほとけの文字である悉曇ではないと戒められます。

仏像を制作する場合、経典や儀軌《ぎき》に説かれている事柄や、その他、仏師の流派で伝えている仏像の法量の口伝的なものを踏まえて彫るのだと聞いたことがあります。梵字もまた、古来からの書法の口伝を相承しています。正しい書法を伝えることによって、はじめて梵字の形も整ってきます。私たち僧侶は、弘法大師以来の伝統のある梵字を、後世に相承していく役割を担っています。

前項では「ア」字を実習しましたが、上手に書けたでしょうか。命点や鶯《うぐいす》点の打ち方が難しいと思います。くり返し練習してください。

ア字は、最初に習う梵字ですが、大日如来をあらわす種子としても用いています。ア字の次は、大日如来の教令輪身《きょうりょうりんじん》（大日如来の命令によって忿怒《ふんぬ》の相をあらわし難伏《なんぷく》のものを教化する）であり、十三仏の最初のほとけでもある不動明王の種子「**カン**」字を書いてみます。

◆不動堅固《ふどうけんご》なる文字「《カン》」◆

不動明王は、観音、阿弥陀、地蔵などと並んで多くの人々の信仰を集めています。酉《とり》年生まれの人の守り本尊、十三仏諸尊の初七日の忌日本尊としても有名です。

不動明王の真言は、通常唱えるものとしては、「不動一字呪《いちじしゅ》」

《ノウ》《マク》《サ(ン)》《マ》《ンダ》《バ》《ザラ》《ダン》《カン》、

「慈救呪《じくのしゅ》」

《ノウ》《マク》《サ(ン)》《マ》《ンダ》《バ》《ザラ》《ダン》《セ》《ンダ》《マ》《カ》

《ロ》《シャ》《ダ》《ソワ》《タ》《ヤ》《ウン》《タラ》《タ》《カン》《マン》

などです。

さらに修法では「火界呪《かかいじゅ》」という真言も唱えます。

種子は、一字呪の最後の文字《カン》(hāṃ)です。また、慈救呪や火界呪の最後の二文字、つまり《カン》と《マン》を合成《ごうじょう》した《カンマン》も不動明王の種子として用いられます。

カン字は、文字の解釈では次のようになります。文字の構成は、まず因業不可得《いんごうふかとく》の字義がある《カ》と、修行点の (長阿点)、それに空点(菩提点、大空点《だいくう》)・の三字の合成字《ごうじょうじ》です。すなわち、**カン**字は、不動堅固《けんご》の行によって、煩悩の深い者を大空三昧《だいくうざんまい》(菩提)へ導いてくださる梵字です。文字には実に深い意義が与えられています。

カンマン字は、《カン》と《マン》を合成した文字で文法上は合成しにくい文字です。《カンマン》を文字通り読みますとhmmāṃとなり、「カンマン」とは読めません。そこで、《マン》の空点に変えて《マ》を重ねて書く方法をとっています。 の形です。**カンマン**字も字義的解釈が可能ですが、煩雑になるのでいまは省略します。通常、《カン》を不動心、《マン》を柔軟《にゅうなん》心に配当しています。

◆カン字を書こう◆

カン字は、塔婆や護摩札、交通安全などのお守りに用いられます。書法上の要点のみを解説します(54頁を参照してください)。

筆順1 まず命点を打ちます。

筆順2 命点から続けて横画を引きます。横画の引き終わりを軽く押さえ、穂先が命点の引き終わりの部分を通るように一気にaまで持っていきます。このとき筆(a)が完全に回り切るまで引いていてください(ひら仮名〝く〟の字は不可）。回り切ったら、横画の中心あたりから次に筆を下ろす位置を見定めてから、bのあたりに筆を下ろします。このときの注意点は、cの部分は筆の力が加わらないため、見た目には細くなることです。

筆順3　bから続けて矢印のように筆を引き、dを過ぎたあたりから徐々に右斜めに開いていき、穂先を整えながら筆をおさめます。筆順1から3までが、𑖎《カ》字の書き方です。

筆順4　長阿点を打ちます。長阿点は修行点、行《ぎょう》点とも呼びます。この場合、不動行をあらわす点画と考えられますから、この点はしっかり打ってください。

筆順5　横画の中心の上に空点を打ちます。菩提点とも言います。これで**カン**字の完成です。

なお**カン**字は、毛筆も刷毛書きも筆順は同じです。

※𑖎𑖽は仰月《ぎょうがつ》点を付けた𑖎𑖼字もあります。筆順は、仰月点のあとに空点を打ちます。

不動明王

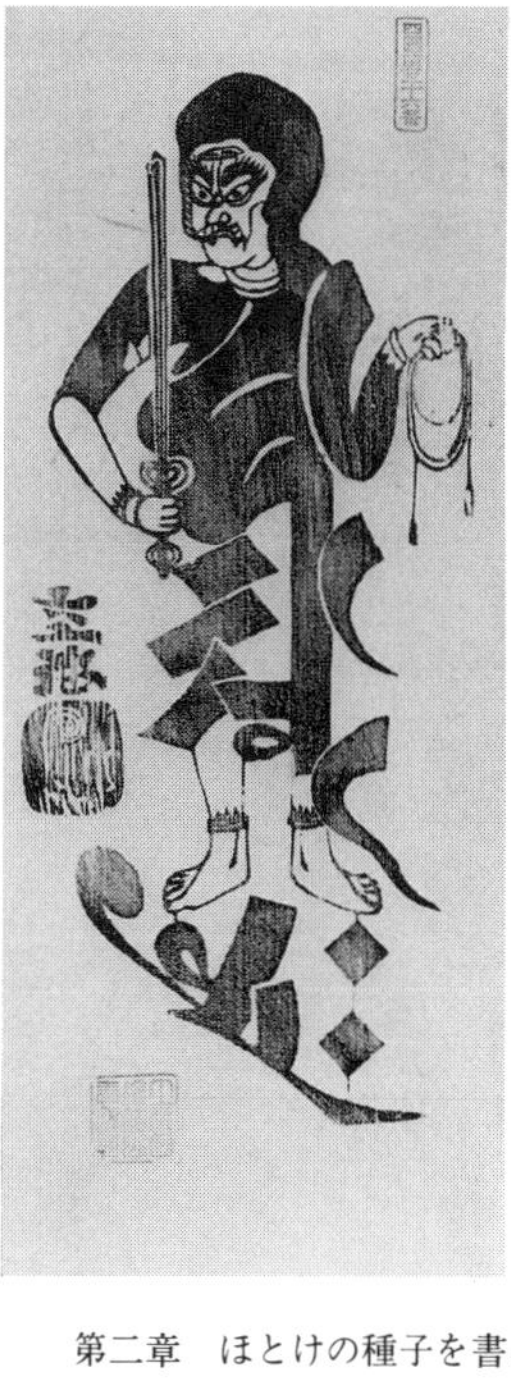

種子そのものが身体となった不動明王

◀毛筆

◀刷毛（仰月点付き）

※カン字は、毛筆も刷毛も筆順は同じ

カン字（毛筆）の筆順

カンマン字（毛筆）の筆順

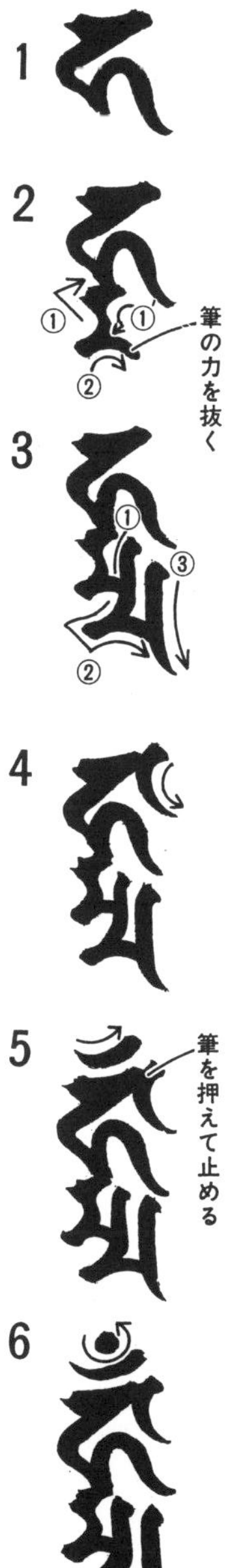

※カンマン字は、毛筆と刷毛では筆順が異なる

▶毛筆

▶刷毛（流れカンマン）

◆カンマン字を書こう◆

カンマン字は、書き方の相伝が何種類かあります。ここでは、通常用いている字形で書きます。筆順は毛筆書について解説します（刷毛書きは矢印の説明のみ。前頁を参照してください）。

筆順1　まず、𑖎《カ》字を書きます。

筆順2　次に、図のように𑖦《マ》字の左側を書きます。

筆順3　図のような位置から残りの部分を書きます。

筆順4　長阿点を打ちます。

筆順5　仰月点を打ちます。

筆順6　空点を打ちます。これで**カンマン**字の完成です。細かな点まで解説していませんから、手本をよく見て練習してください。手本通りの文字が書けるように頑張ってください。

◆流れカンマン◆

刷毛書き**カンマン**字は一般に「**流れカンマン**」と呼ばれています。下の部分を斜め方向へ流しているのでこの名前がついたのではないでしょうか。護摩札には刷毛書きのものが多く用いられています。

刷毛書きの「**流れカンマン**」は、毛筆の**カンマン**字とは筆順が異なります。

刷毛は、紙面に垂直にあて、手首というより、むしろ肘全体を使って筆を引いていくと上手に引けます。これも手本を見て練習してください。

阿弥陀三尊の種子――キリク・サ・サク

本項では、少し難しい三尊仏形式の梵字を勉強します。

仏教寺院でお堂にご本尊を祀るとき、主尊一尊のみの場合と、ご本尊の左右両脇に仏像を並べて配するなどの形式があります。一般に三尊仏または三尊形式と呼んでいます。主尊を中尊、両脇は脇侍《わきじ》、脇士《わきじ》、脇立《わきだち》などと言います。

三尊形式は、顕教・密教、両経典資料に記述があり、インドには数多くの三尊仏の作例が遺存しています。また、日本での三尊仏の組み合わせは、奈良時代以降に確立されたものが多く、それ以前の形式は必ずしも一定したものではありません。

三尊仏には、釈迦三尊（釈迦・普賢《ふげん》・文殊《もんじゅ》）、阿弥陀三尊（阿弥陀・観音・勢至《せいし》）、薬師三尊（薬師・日光・月光《がっこう》）、大日三尊（胎蔵界大日・般若・不動、金剛界大日・金剛薩埵《こんごうさった》・降三世《ごうざんぜ》）、不動三尊（不動・矜迦羅《こんがら》・制《せい》吒迦《たか》）など、多くの三尊形式の仏菩薩が見られます。

これらのなか、釈迦三尊と並んでもっともポピュラーな三尊仏、阿弥陀三尊を梵字で書写してみたいと思います。

三尊仏の尊像、図像とも脇侍は、中尊より小さく表現しています。梵字の場合も、中尊を大きく、両脇侍をいくぶん小さくすると、調和のとれた三尊仏ができあがります（59頁の図を参照）。

◆ 阿弥陀三尊とは ◆

阿弥陀三尊は、通常、脇侍は観音・勢至の二菩薩をともなっています。脇侍の左右の配置は、経典の説によって異なっています。

浄土三部経の一つ『観無量寿経』には、阿弥陀の左(向右)に観音、右(向左)に勢至菩薩を配当しています。しかし、密教経典である不空訳『観自在最勝《かんじざいさいしょう》心明王経《しんみょうおうきょう》』成就心真言品《じょうじゅしんしんごんぼん》第九には、中央に阿弥陀、左(向右)に勢至、右(向左)に聖《しょう》観音を配当しています。

このように、経典の説によって脇侍が入れ替る場合もあります。通常、阿弥陀三尊は、『観無量寿経』に説かれている、阿弥陀の左に聖観音、右に勢至菩薩の形式をとる場合が多いものと思います。

梵字で阿弥陀三尊を書写する場合も、二通りあります。ここでは左に聖観音、右に勢至を置く形式で書いてみることとします。

阿弥陀如来は、𑖮𑖿𑖨𑖱𑖾《キリク》字、聖観音は𑖭《サ》字、勢至菩薩は𑖭𑖾《サク》字であらわします。

◆ 阿弥陀如来の種子「𑖮𑖿𑖨𑖱𑖾《キリク》」◆

キリク字は、日常読誦する阿弥陀如来のご真言

𑖌𑖼《オン》 𑖀《ア》𑖦𑖴《ミリ》𑖝《タ》 𑖝𑖸《テイ》𑖕𑖸《ゼイ》 𑖮《カ》𑖨《ラ》 𑖮𑖳𑖽《ウン》

のなかには見あたりませんが、阿弥陀如来の密教的一形態と言われる金剛界五仏の一つである観自在王如来の真言

𑖌𑖼《オン》 𑖩𑖺《ロ》𑖎𑖸《ケイ》𑖫𑖿𑖪《ジンバ》𑖨《ラ》 𑖨𑖯《アラン》𑖕《ジャ》 𑖮𑖿𑖨𑖱𑖾《キリク》

のなかに見ることができます。この真言の末尾の𑖮𑖿𑖨𑖱𑖾《キリク》字を種子としています。

キリク字は、「カ・ラ・イ・アク四字合成《よじごうじょう》の風吹かば、霧雲《きりくも》(𑖮𑖿𑖨𑖱𑖾も)晴れて弥陀ぞあらわる」と古歌にあるように、昔から親しまれ信仰されてきています。

カ・ラ・イ・アクとは、𑖮《カ》(hetu《ヘートウ》の頭字で字義は

阿弥陀三尊の種子

阿弥陀三尊

阿弥陀三尊の形式

聖観音（種子「サ」）

阿弥陀如来（種子「キリク」）

勢至菩薩（種子「サク」）

離因縁《りいんねん》）、𑖨《ラ》（rajas《ラジャス》 離塵垢《りじんく》）、𑖂《イ》（īśvara《イーシュヴァラ》 自在）、𑖀𑖾《アク》（涅槃）の四字合成《よじごうじょう》（文字の結合の法則）字で、**キリク**字を字義の上から解釈すると、「諸々の因縁によって生じたところの塵垢を離れ、自在を得て涅槃を証得する」ということになります。伝統的な字義釈では、「本性清浄《ほんしょうしょうじょう》を悟り、諸々の執着を離れて涅槃を証得する」という解釈が与えられています。

または、𑖎《カ》、𑖨《ラ》、𑖂《イ》をそれぞれ貪《とん》・瞋《じん》・癡《ち》の三毒煩悩に配当して、煩悩即涅槃（𑖀𑖾《アク》）にして、煩悩即菩提と解釈しています。

阿弥陀如来は単独尊としては、十三仏の一に数えられ、三回忌の年忌本尊として用いられています。

◆聖観音の種子「𑖭《サ》」◆

慈悲のほとけ聖観音をあらわす梵字は𑖭《サ》字です。**サ**字は、サンスクリット語のサティヤ（satya）の頭字をとって種子としています。サティヤには、「真理」「真諦《しんたい》」などの語義があります。すなわち、「衆生の真理を求める心を静かに観察して、私たちを悟りの世界へと導く」、この義を**サ**字一字であらわしています。

十三仏の年忌本尊としては、百ケ日を司《つかさど》ります。

観音は、変化《へんげ》観音とも言われ、その名の通りいく通りにも変化します。**サ**字は諸観音に共通の通種子としても用いられます。

◆勢至菩薩の種子「𑖭𑖾《サク》」◆

勢至菩薩は、観音の慈悲に対して智慧の立場から衆生済度をするほとけです。阿弥陀三尊を説く『観無量寿経』には、「智慧の光をもって普く一切を照らし三《さん》塗《ず》を離れ無上の力を得る」と説いています。

勢至菩薩の種子𑖭𑖾《サク》字には、智慧の意味が含まれています。『大日経疏』に、「**サク**字は等智なり」と説かれているように、この**サク**字は「平等智」の義です。

十三仏の年忌本尊としては、一周忌を司ります。

◆キリク字を書こう◆

キリク字の書き方は、以下の通りです。

筆順1 まず 《カ》字本体を書きます。このとき終画のaを外に開かないように注意してください。

筆順2 次に、《ラ》の下半体  を、図の位置に切継《きりつぎ》します。

筆順3 母音符号 《イー》点を、文字の右肩のあたりに打ちます。

筆順4 最後に涅槃点を打ちます。涅槃点は、下から上の順に打ってください。

これで、**キリク**字の完成です。くり返し練習してください。

◆サ字・サク字を書こう◆

サ字の書き方は、以下の通りです。

筆順1　まず命点を打ち、筆を切らずにそのまま横画を引きます。引き終わりは筆を離さずに軽く押さえてから、矢印のように、ややソリ気味に運筆します。終筆は、ソリ気味に運筆したら、筆の腹が浮き気味になるので、穂先をやや元の方へ戻してから、ａに下ろします。

筆順2　筆順1の終筆からそのまま筆を切らずに矢印のごとくａに筆を落とし、いったん筆を軽く押さえてから、矢印のように右斜に回していきます。終筆は、筆の力を抜いておさめます。

筆順3　縦画を引きます。筆順2の終筆と縦画が交わるように引いてください。

サ字の完成です。

サク字は、**サ**字の応用編と言うべきものです。

筆順1　まず、観音の種子《サ》を書きます。

筆順2　涅槃点を下から順に二点打てば、**サク**字の完成です。

三尊仏は、59頁の図のように中尊と両脇侍がそろうように書いてください。阿弥陀、聖観音、勢至の順が経典に説かれている順序です。形が整うようになるまで練習してください。

釈迦・弥勒・薬師——バク・ユ・バイ

本項では、釈迦《しゃか》如来・弥勒《みろく》菩薩・薬師《やくし》如来の三尊の種子について、勉強してみたいと思います。

◆密教の仏陀観◆

さて密教では、諸尊（曼荼羅の諸尊）は、大日如来を中心にとらえて展開していきます。簡略的な言い方になりますが、つまり大日如来の智慧のはたらきを、それぞれ得意の分野のほとけが担当し、大日如来を助け、また守護する役割を担っています。

密教の仏陀観は、複雑な展開を示すため、簡単には言い尽くすことはできません。以下は、一つの考え方を述べたものです。すなわち、仏陀を宇宙の実相を司る根本仏とし、これを仏格化した相《すがた》としてとらえたのが大日如来ということになります。言い換えれば、大日如来は悟りの本体そのものをあらわしています。

◆釈迦《しゃか》如来の種子「𑖥𑖾《バク》」◆

その悟りの内容を衆生に対して実践する歴史上の覚者・釈迦如来は、大日如来の変化身《へんげしん》として説かれます。胎蔵界曼荼羅の第二重釈迦院の主尊が、歴史上の釈迦如来です。

釈迦如来への信仰は宗派を問わず盛んで、四月八日の誕生会《たんじょうえ》（花まつり）、二月十五日の涅槃会《ねはんえ》、十二月八日の成道会《じょうどうえ》は、各宗派とも年中行事として、盛大に執り行われています。

また、十三仏の一つとして、二七日忌を司る主尊としても一般の信仰と結びつきが深いほとけです。

釈迦如来をあらわす種子は 𑖥𑖾《バク》字です。

バク字は、『大日経』巻第七の釈迦種子心、『広大成《こうだいじょう》就儀軌《じゅぎき》』の大鉢《だいはち》真言などに説かれている

𑖡《ノウ》 𑖦𑖾《マク》 𑖭《サ》 𑖦《マ》 𑖡𑖿𑖝《ンダ》 𑖤𑖲《ボ》 𑖟𑖿𑖠𑖯《ダ》 𑖡𑖯𑖽《ナン》 𑖥𑖾《バク》

の終わりの一字呪からきているものと思われます。また、『大日経』巻第三には種子**バク**字のみが説かれています。

バク字の本体 𑖥《バ》には「有《う》」の字義が与えられています。有は、欲有《よくう》・色有《しきう》・無色有《むしきう》の「三有《さんぬ》」を言いますが、総じて「迷いの存在の世界」を指して言います。𑖥《バ》の傍《かたわら》の二つの円点は涅槃点と名づけられ、涅槃・解脱の意に解せられています。

すなわち、**バク**字は、「迷いの世界（三有）を除いて、涅槃（解脱）を得る」の意をあらわしています。

◆ 弥勒《みろく》菩薩の種子「𑖧𑖲《ユ》」 ◆

未来仏として有名な弥勒菩薩は、胎蔵界曼荼羅では、中台八葉院《ちゅうだいはちよういん》の東北隅に配されています。

十三仏では、六七日忌を司る主尊として信仰されています。

弥勒菩薩は、通常 𑖧𑖲《ユ》字（𑖧𑖳《ユ》も同じ）であらわします。他に、𑖀《ア》字や 𑖦𑖹《マイ》字であらわすこともあります。

ア字は、弥勒菩薩の中呪のなかに説かれているこの尊の別名 𑖀《ア》𑖕𑖰《ジ》𑖝《タ》、マイ字は、梵名 𑖦𑖹《マイ》𑖝𑖿𑖨𑖹《タレイ》𑖧《ヤ》の頭字をそれぞれ種子としています。

ユ字については異説がありますが、『大日経』巻第五に説かれる弥勒迅速《じんそく》真言、

𑖡《ノウ》 𑖦𑖾《マク》 𑖭《サ》 𑖦《マ》 𑖡𑖿𑖝《ンダ》 𑖤𑖲《ボ》 𑖟𑖿𑖠𑖯《ダ》 𑖡𑖯𑖽《ナン》 𑖦《マ》 𑖎《カ》 𑖧𑖺《ユ》
𑖐《ギャ》 𑖧𑖺《ユ》 𑖐𑖰《ギ》 𑖡𑖱《ニ》 𑖧𑖺《ユ》 𑖐𑖸《ゲイ》 𑖫𑖿𑖪《ジンバ》 𑖨𑖰《リ》 𑖏𑖽《ケン》 𑖕《ジャ》 𑖨𑖱《リ》 𑖎𑖸《ケイ》
𑖭𑖿𑖪𑖯《ソワ》 𑖮𑖯《カ》

の 𑖧𑖺《ユ》𑖐《ギャ》(yoga《ヨーガ》)に由来する 𑖧𑖲《ユ》を種子にした説が一般的です。

釈迦如来の種子・バク字

釈迦如来

弥勒菩薩の種子・ユ字

弥勒菩薩

薬師如来の種子・バイ字

薬師如来

ユ字は「乗」の字義を持つ 𑖧《ヤ》 に、「譬喩《ひゆ》」の意に解せられる 𑖄《ウ》 の母音符号（𑖲・𑖳）を加えた梵字です。「乗」は乗物を意味する yāna《ヤーナ》 のことで、「衆生を大きな乗物に乗せて生死海《しょうじかい》を度《ど》す」という本誓をあらわしています。「譬喩」は、それによって「煩悩の病を治す」意味に釈されています。

なお、**ユ**字は弘法大師をあらわす種子でもあります。四国八十八ケ所霊場巡礼には、**ユ**字を書いた金剛杖や笈摺《おいずる》を身に着けます。これは、弘法大師の弥勒信仰の影響から来ているものと思われます。また、弘法大師は 𑖮𑖯𑖽《カン》 字であらわすこともあります。

◆ 薬師《やくし》如来の種子「𑖥𑖹《バイ》」◆

薬師如来は、その名の示すように病を治す薬師《くすし》として、最も代表的なほとけです。その誓願によって、衆生を病に応じて安楽の世界へと導きます。

十三仏では、七七日忌を司り、忌明の主尊を務めます。

薬師如来は、𑖥𑖹《バイ》 字であらわします。これは、梵名 𑖥𑖹《バイ》 𑖭𑖹《セイ》 𑖕《ジャ》 𑖐𑖲《グ》 𑖨𑖲《ル》 の頭字に由来します。

バイ字の字義は、「有」（釈迦如来のバク字の説明を参照）の 𑖥《バ》 に、「自在」の 𑖌《アイ》 の母音符号 𑖹 点を加えた梵字です。語源的に解釈すると、「有の中に自在である」という意味になります。すなわち、「迷いの世界（煩悩の病）から脱し、自在の世界を得る」ということを、一字であらわしています。

◆ バク字を書こう ◆

バク字の書き方は、以下に示す通りです。

筆順1　まず命点を打ち、筆を離さずに続けて横画を引きます。横画を引いたら、そのまま筆を離さず、横画の終わりを軽く押さえて、矢印のように命点の引き終わりに穂先が通るように、ややソリ気味に引いていきます。

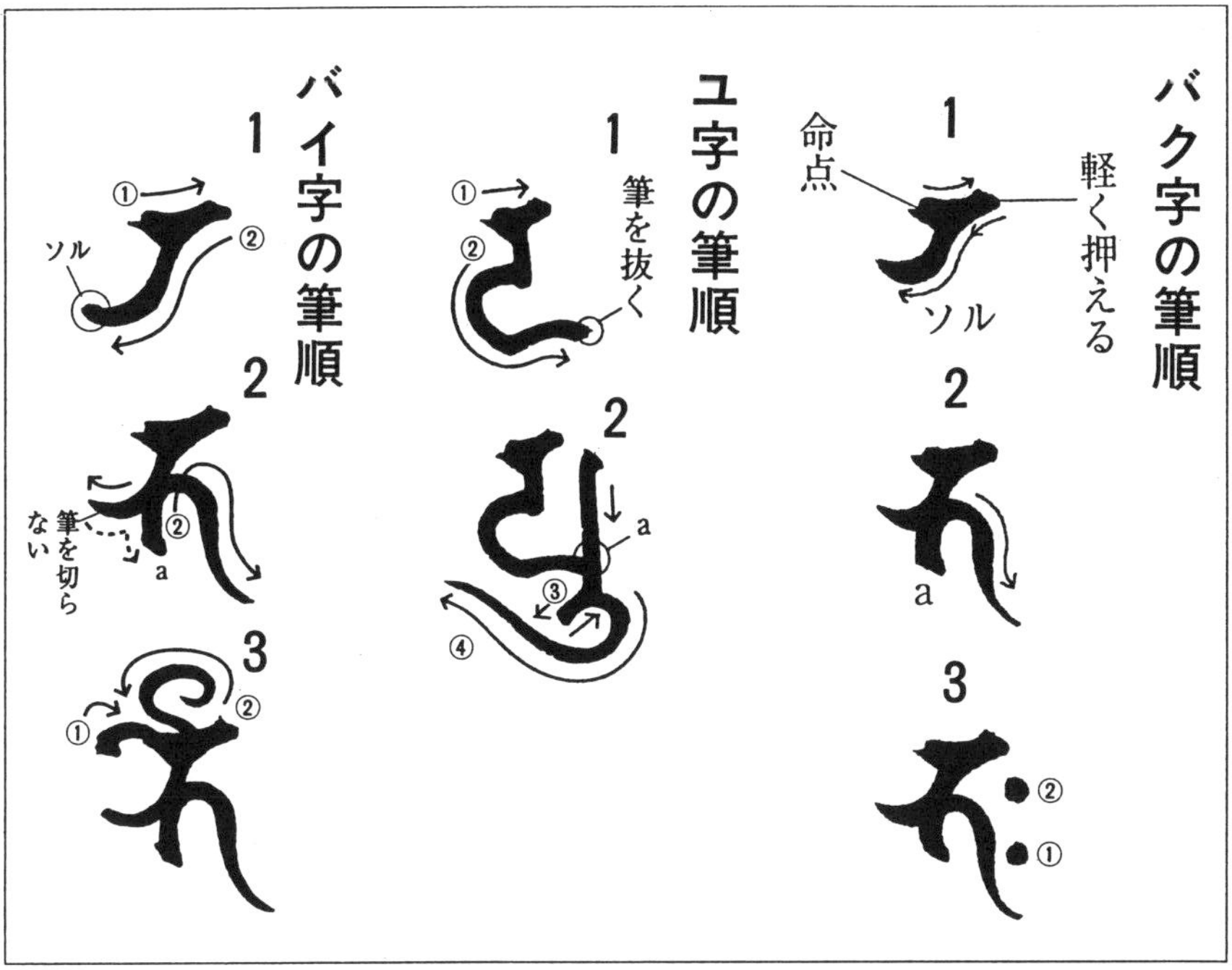

筆順2　引き終わりは、そのまま筆を切らずにいったんaまで下ろし、回していき、筆の終わりは右斜に開いて終筆します。

筆順3　《バ》の傍へ円点（涅槃点）を下から順に二つ打ちます。涅槃点は必ず下の点から上に打ってください。

これで**バク**字の完成です。

◆ユ字を書こう◆

ユ字の書き方は、以下に示す通りです。

筆順1　命点から横画を引きます（矢印①）。そのまま筆を切らずにいったん横画の中心まで戻り、矢印②のように引きます。

筆順2　横画よりいくぶん低い位置から筆を下ろし縦画を引きます。筆の先がaと交わったあたりで軽く押さえ、そのまま矢印③のように左斜め下へいったん下ろし、次に矢印③を元の方向へ再び戻し、一気に矢印④のようにします。
　これで**ユ**字の完成です。

◆ バイ字を書こう ◆

　バイ字の書き方は、以下に示す通りです。
筆順1　矢印①・②のごとく運筆し、終筆を少しソリ気味にします。
筆順2　筆順1の終筆から、そのまま筆を切らずに点線矢印に沿ってａへ筆を落とします。落とした筆をいったん押さえて、上に回していき、矢印②のように終筆します。
筆順3　《アイ》の母音符号　の左側　を矢印①のように引きます。ワラビ形点　を矢印②のように打ちます。
　これで**バイ**字の完成です。くり返し練習してみましょう。

◆ 四方仏の種子 ◆

　これら三尊の種子に、前項の阿弥陀如来の種子を加えると、方角を司るほとけ、四方仏の種子となります。

《バイ》薬師（東）、《キリク》阿弥陀（西）、《ユ》弥勒（南）、《バク》釈迦（北）です。

　これら四方仏は、奈良時代や平安時代初期の石仏によく見られます。弥勒を北、釈迦を南に置いたものもあります。

文殊・普賢・地蔵——マン・アン・カ

本項では、文殊《もんじゅ》菩薩、普賢《ふげん》菩薩、地蔵《じぞう》菩薩の三尊を取り上げて、みなさんと一緒に学んでいきたいと思います。

◆文殊菩薩《もんじゅ》の種子「《マン》」◆

密教の文殊菩薩は、その真言によって一字文殊・五字文殊・六字文殊・八字文殊などがあります。したがって種子も《シロキエン》字（一字文殊）、《ア》字（五字文殊）、《ダン》字（六字文殊）、《マン》字（八字文殊）などが用いられています。また、胎蔵界種子曼荼羅 中台八《ちゅうだいはち》葉院《よういん》の文殊はア字ですが、十三仏の文殊は通常用いている**マン**字です。

マン字は、文殊菩薩のインド名、マンジュシリー(Mañjuśrī)の頭字に由来すると言われています。

十三仏では、三七日を司る本尊として、私たちに縁の深いほとけです。

これまでのように、**マン**字を言葉の意味（字義）から解釈してみることにします。

マン字の本体である《マ》には「吾我不可得《ごがふかとく》」の字義が与えられています。**マン**字は、吾我（自我）を断じて、菩提（空点）へ導くはたらきをあらわした梵字です。

弘法大師空海の著した『般若心経秘鍵《ひけん》』の序の冒頭に「文殊の利剣は諸戯《しょけ》を断つ　覚母《かくも》（般若菩薩のこと）の梵文は調御《じょうご》の師なり　《ヂク》《マン》の真言を種子とす」とあります。

すなわち、文殊菩薩の持っている智慧の剣は、戯論《けろん》と煩悩を断ち切ってしまう。それを象徴したのが文殊菩薩の種子マン字であると説いています。

◆普賢《ふげん》菩薩の種子「《アン》」◆

普賢菩薩をあらわす種子は、《ウン》字、《アク》字などがありますが、胎蔵界曼荼羅中台八葉院や十三仏としての種子には《アン》字を用います。

十三仏忌日本尊としては、四七日を司る主尊です。

アン字の種子の由来については、不明な点も多く定説はありません。

アン字には「辺際《へんざい》不可得」という字義が与えられています。一切の諸法は本来辺際なく尽きることがないと言われます。普賢菩薩も衆生を導くために辺際なく菩薩行を修しています。

なお、普賢菩薩は文殊菩薩とともに釈迦如来の脇侍として知られています。

◆地蔵《じぞう》菩薩の種子「《カ》」◆

地蔵菩薩は、五七日忌を司る主尊として有名ですが、一般に子供を守護するほとけさまとして、民間に広く信仰されています。

地蔵菩薩の種子は、通常《カ》字を用います。

地蔵菩薩の真言

《オン》《カ》《カ》《カ》《ビ》《サンマ》《エイ》《ソワ》《カ》

の《カ》・《カ》・《カ》の三字から由来すると言われます。カ字は語源的には「因」「行」の意味があり、擬声語(写声語)としての「笑」「喜」をあらわすと説かれます(『大日経疏《しょ》』)。したがって、《カ》・《カ》・《カ》は地蔵菩薩の「笑い声」を象徴した梵字と言うことができます。

なお、地蔵菩薩には《イ》字を種子として説いている経典もあります(『大日経』転字輪品《てんじりんぼん》)。

文殊菩薩の種子・マン字

文殊菩薩

普賢菩薩の種子・アン字

普賢菩薩

地蔵菩薩の種子・カ字

地蔵菩薩

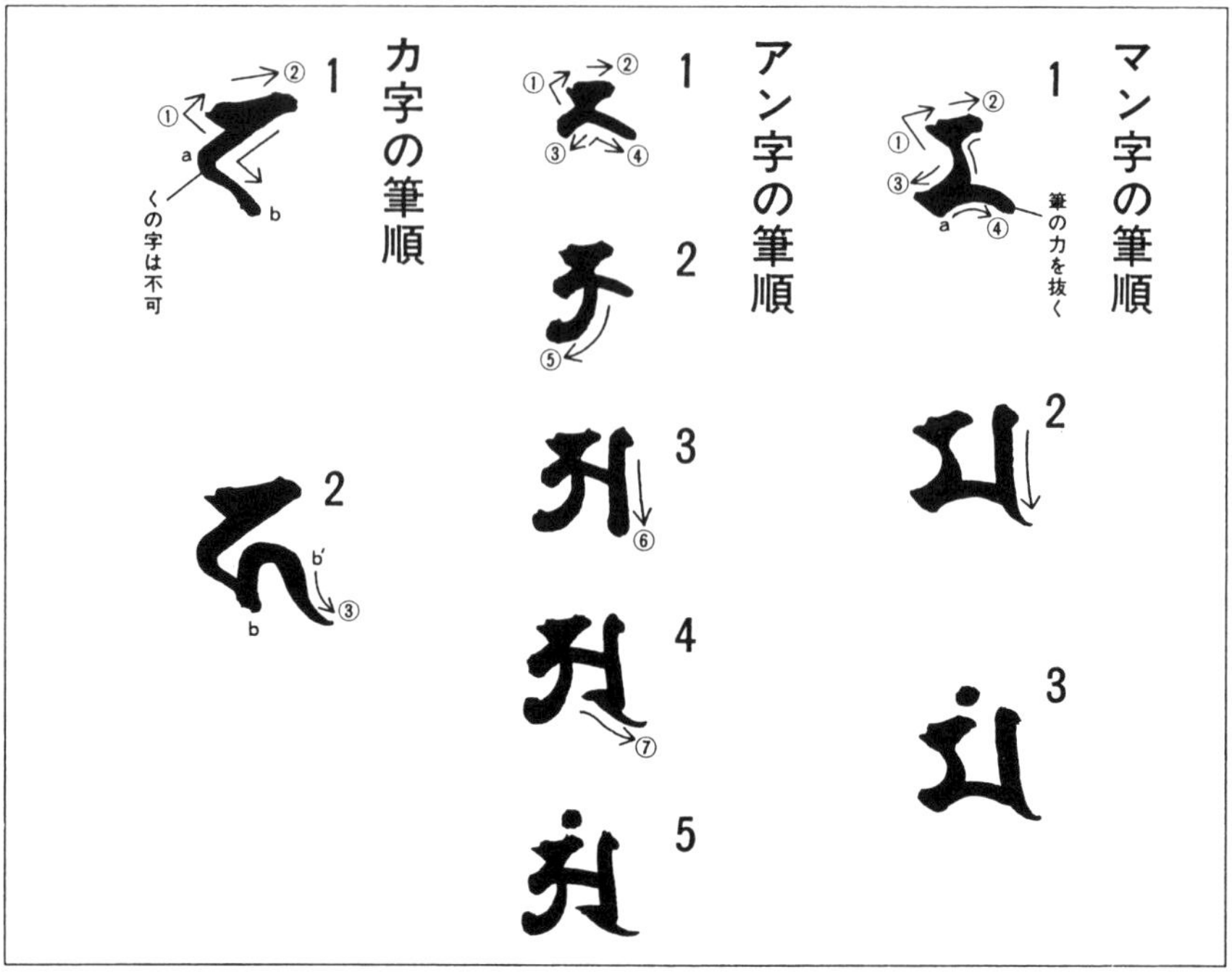

◆マン字を書こう◆

マン字の書き方は、以下に示す通りです。

筆順1　矢印①・②のように、まず命点を打ち、続けて横画を引きます。筆を切らずに、いったん命点のあたりまで筆を戻し気味に引き、そのまま、いくぶん右斜めに筆をやりながら、左斜め下へ一気に反らします（矢印③）。このとき、反らした筆の腹が浮く形になります。次に浮いた筆の腹をもう一度押しつけ（a）、右斜め横へ山形に引いて筆をおさめます（矢印④）。

筆順2　縦画を矢印のように引き、筆の穂先をそろえながらおさめていきます。梵字は全体を側筆《そくひつ》気味に運筆しますが、特に縦画は筆をやや斜めに引くことによって終筆が容易になります。

筆順3　空点をマ字の中心へ打ちます（横画の中心に打たないこと）。

これで**マン**字の完成です。

◆ アン字を書こう ◆

アン字の書き方は、以下に示す通りです。

筆順1～4　まずア字を書きますが、紙幅の都合上、ア字の書き方についての詳しい説明は省略します。47頁のア字の書き方を参照してください。

筆順5　ア字の上部の中心あたりに空点を打ちます。これで**アン**字の完成です。

◆ カ字を書こう ◆

カ字の書き方については、54頁の、不動明王・カン字の書き方において、すでにある程度触れています。

筆順1　矢印①・②のように、命点を打ち横画を引きます。横画の終わりを軽く押さえ、そのままaのあたりまで運筆し、くの字にならぬよう回していきます。筆が回り切ったところで一気にbに筆を下ろします。

筆順2　bに落とした筆を切らずに、もう一度しっかり押さえ、b′まで引いていきます。b′のところで筆をやや下へ引き、そこから矢印③のように右斜め下へ引き終筆します。

これで**カ**字の完成です。

ここにあげた三尊は、比較的容易に書けると思います。手本を参考に練習してみましょう。

大日・虚空蔵・阿閦——バン・タラク・ウン

本項では、大日如来、虚空蔵《こくうぞう》菩薩、阿閦《あしゅく》如来の三尊を取り上げて学んでいきます。

◆大日如来の種子「〓《バン》」◆

大日如来は、金剛界と胎蔵界では種子が異なります。胎蔵界大日の種子・ア字については、ア字の書き方の項ですでに述べました。したがってここでは、金剛界大日の種子について解説していきます。

金剛界大日如来の真言は

〓《オン》〓《バ》〓《ザラ》〓《ダ》〓《ド》〓《バン》

です。最後の〓《バン》字がこの本尊の種子になっています。

バン字を種子とする由来については諸説ありますが、真言の冒頭の〓《バ》〓《ザラ》の〓《バ》に空点を加えたとする説がもっとも妥当と思われます。

大日如来の智徳をこの**バン**字一字であらわしています。

十三仏では、十三回忌を司る本尊となります。

なお、胎蔵界大日が「五点具足のア字」＝〓（アーンク）を種子とすることがあるのと同じく、金剛界大日も「五点具足のバ字」＝〓（バーンク）を種子として用いることがあります。

◆虚空蔵《こくうぞう》菩薩の種子「〓《タラク》」◆

十三仏詣りや虚空蔵求聞《ぐもんじ》持法の本尊として知られている虚空蔵菩薩は、福徳と智慧を兼ねそなえています。

虚空蔵菩薩の種子は〓《タラク》字であらわします。**タラ**

大日如来の種子・バン字

大日如来

虚空蔵菩薩の種子・タラク字

虚空蔵菩薩

阿閦如来の種子・ウン字

阿閦如来

ク字は真理を表す 𑖝《タ》字と塵垢《じんく》の字義がある 𑖨《アラ》字の合成字《ごうじようじ》に、修行点 𑖯 と涅槃点 ： を加えた文字です。

語源的には「真理にして塵垢を遠離《おんり》して修行によって涅槃に入る」という解釈がなされています。

十三仏では、最終の忌日である三十三回忌を司る本尊となります。

◆ 阿閦《あしゆく》如来の種子「𑖮𑖳𑖽《ウン》」◆

阿閦如来は、金剛界五仏の一で東方に坐しています。阿閦（Akṣobhya《アクショーブヤ》）は、無動・不動の意で、菩提心が堅固であるところから、この如来名がついています。

阿閦如来の種子 𑖮𑖳𑖽《ウン》字は、種々の解釈が可能です。**ウン**字の本体 𑖎《カ》字には、因業《いんごう》の意義が与えられています。この文字は菩提心を因としていることがわかります。すなわち、**ウン**字は阿閦如来の徳である菩提心をあらわしています。

また、**ウン**字には怖魔《ふま》の解釈があります。堅固の菩提心があれば、魔という煩悩も入ることができず、魔を怖畏せしめるというのです。

十三仏では、七回忌を司る本尊となります。

ウン字はさらに、𑖀《ア》𑖮𑖳𑖽《ウン》（阿吽）の二字にあらわされるように、物事の最初と終わり、阿吽の呼吸、神社仏閣の狛犬や仁王像の阿吽形に通じる文字です。

◆ バン字を書こう ◆

バン字の書き方は、以下に示す通りです。

筆順1　命点を打ち、横画を引き、そのまま元の方へ戻り気味に引き、穂先が命点の下部と交叉したあたりから筆を半月形を描くように引きます（矢印）。そのとき、終筆は筆の力を抜いておさめます。

筆順2　横画の中心あたりから縦画を引いていきます。半月形の終筆（筆順1）部分と交わるあたりから右斜め方向へ筆を開きながら運筆し終筆します（矢

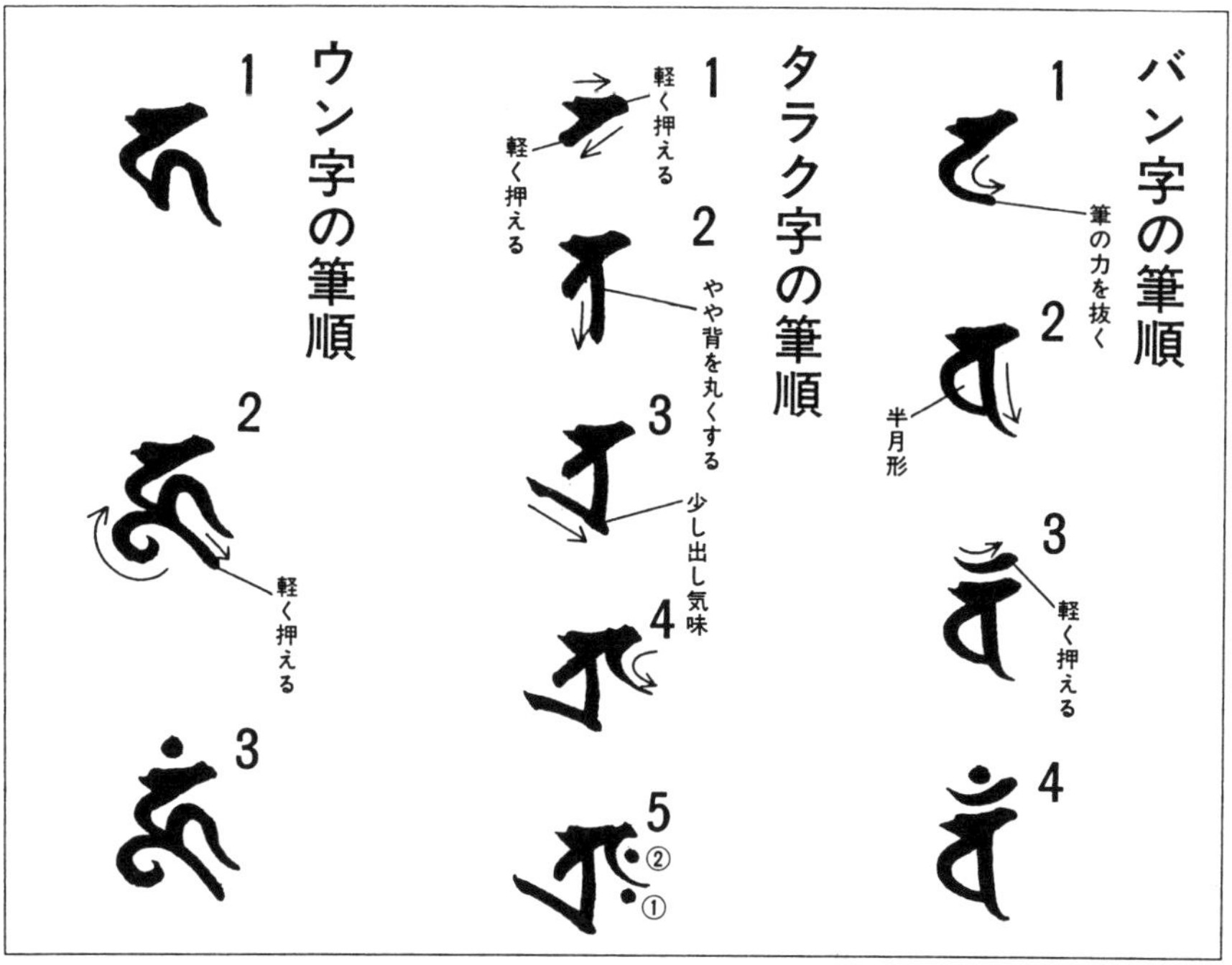

印）。

筆順3 仰月点《ぎょうがってん》を矢印のように打ち、筆を押さえて終筆します。

筆順4 仰月点の中心の真上に空点を打ちます。これで**バン**字の完成です。

なお、仰月点を省いた  字も可。

◆タラク字を書こう◆

筆順1 まず命点を打ち、横画を引き、横画の終わりを軽く押さえてから斜画を引きます。斜画の引き終わりも軽く押さえます（矢印）。

筆順2 横画の中心あたりから縦画を引きます。このとき縦画の背をやや丸くするように引き、引き終わりは筆を軽く押さえます。

筆順3 矢印のように 《アラ》 の下半体  を引きます（矢印）。

筆順4 修行点を打ちます（矢印）。

筆順5　涅槃点を打ちます（必ず下から打ちます）。

これで**タラク**字の完成です。

◆ ウン字を書こう ◆

ウン字の書き方は、以下に示す通りです。

筆順1　まずカ字を書きます。

筆順2　カ字の下に 《ウー》点 を矢印のように打ちます。終筆は、筆を軽く押さえておさめます。

筆順3　空点を横画の中心に打ちます。

これで**ウン**字の完成です。

なお、**ウン**字には、この他に  の形もあります。

ともに、・と　仰月点を打ったウン字も可。

◆ 十三仏の種子 ◆

以上、ア字よりはじめてウン字まで、六項にわたり種子の書き方を中心に述べてきました。ア字を除き、これらは、そのまま十三仏各尊の種子として年回忌の本尊となります（十三仏と年回忌については、本書136・137頁を参照）。

宗派や地域によっても異なりますが、年回忌には十三仏諸尊の曼荼羅を本尊として祀るところもあります。尊像の代わりに、これまで学んできた十三仏の種子を祀ってもよいのです。

ちなみに、十七回忌には、胎蔵界大日のア字を用います。

第三章　密教の修行と梵字

光明真言

この章では、密教の修行のなかに登場する梵字について、さまざまな角度から紹介したいと思います。梵字悉曇《しったん》を理解する上で、必ず学ばなければならない梵字字母《じも》の構成と切継《きりつぎ》のしくみについては、第一章において述べました。

私たち僧侶は、梵字を師から授けられます（もっとも近年では、個人的に師から直接授かることはむしろ少なく、宗門の大学や専修学院などの僧侶養成機関において集団で授かることが多いのですが）。

このようにして、梵字字母と十八章切継を学んで梵字の伝授が終わります。

読者のみなさんも、梵字の音韻組織の概略がおわかりになったでしょうか。真言陀羅尼《しんごんだらに》の誦呪《じゅじゅ》や書写には、こうした基本的な知識が必要となります。言い換えれば、梵字字母、切継のしくみをマスターして、はじめて真言陀羅尼を読んだり書いたりすることができるのです。

第二章では、種子の書法の実習をしましたが、切継を学ぶことによってより理解が深まることと思います。阿弥陀如来の種子であるキリク字や虚空蔵菩薩の種子タラク字は、一定の法則のもとに成り立っているのです。ですから、切継のしくみを理解せずに見様見真似で書いていると、ときに基本的な間違いを犯すことになります。

悉曇文字は、日本へ伝わり密教のなかで相承されてきて以来、一千二百年の歴史があります。インドで悉曇文字が使われたのは、およそ六世紀から九世紀頃と言われています。日本での歴史の方が遥かに長いのです。そういう意味では日本風に多少変遷されたとは言え、弘法大師以来の師資《しし》相承《そうじょう》を伝承していくのが私たち梵字を相承している者の役目でもあります。決して見様見真似で書いてはならないのです。

これらのことを弁《わきま》えた上で、本項では、私たちが朝夕の勤行で唱えることが多く、もっとも一般に普及している「光明《こうみょう》真言」（＝オン・アボキャ・ベイロシャノウ・マカボダラ・マニ・ハンドマ・ジンバラ・ハラバリタヤ・ウン）について述べてみたいと思います。

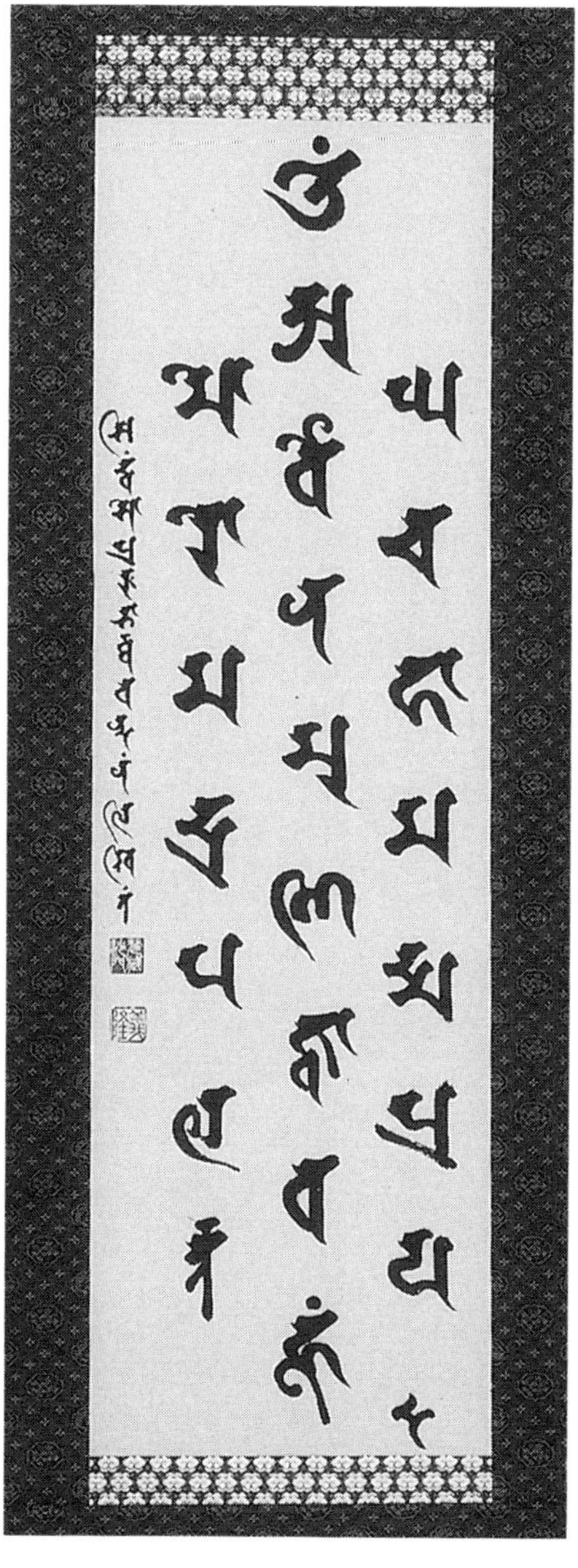
光明真言（三行書）

◆ 真言陀羅尼とは ◆

真言宗は、また真言陀羅尼宗とも呼ばれるように、真言や陀羅尼をその宗名としています。

真言とは、「如来の御口《みくち》から出る真実《まこと》の言葉」のことで、一字一句に無量の教法・義理があると説かれています。

陀羅尼は総持《そうじ》と訳され、もとは婆羅門《ばらもん》たちが長い経文を心に保持し暗記するための便宜的手法として用いられたものと言われています。陀羅尼は後に仏教に取り入れられ、経典に説かれるようになります。特に大乗経典では一経を要約した陀羅尼品《ほん》が説かれています。陀羅尼とは、「一のなかに総《すべ》てが持《たも》たれている」状態を指し、陀羅尼を構成している文字、語、文の一つ一つが一切を含有し無尽《むじん》の功徳を持つものとされています。

　このように、真言も陀羅尼も、一字一句に無量の功徳が含蔵されています。この両者を広く解釈すれば、いずれも密教が特に持っている秘密語として理解することが可能です。密教では比較的字句の短いものを真言、字句の長いものを陀羅尼と呼んでいます。

◆光明《こうみょう》真言とは◆

まず、光明真言を梵字で書写してみましょう。

光明真言を構成する一語一語の意味は、次の通りです。

オン（oṃ《オーン》　帰命《きみょう》）**アボキャ**（amogha《アモーガ》　不空《ふくう》）**ベイロシャノウ**（vairocana《ヴァイローチャナ》　遍照《へんじょう》）**マカボダラ**（mahā mudra《マハームドラ》　大印《だいいん》）**マニ**（maṇi《マニ》　摩尼宝珠《まにほうじゅ》）**ハンドマ**（padma《パドマ》　紅蓮華《ぐれんげ》）**ジンバラ**（jvala《ジュヴァラ》　光明）**ハラバリタヤ**（pravartaya《プラヴァルタヤ》　展転《てんでん》）**ウン**（hūṃ《フーン》）

　光明真言の和訳は訳者によって解釈が多少異なりますが、代表的なものを一つあげてみましょう。

「オーン。不空遍照尊よ。大印を有する尊よ。摩尼と蓮華の光明をさし伸べたまえ。フーン」（種智院大学密教学会編『梵字大鑑』547頁所収）

　光明真言は、不空訳『不空羂索毘盧遮那仏灌頂光《ふくうけんじゃくびるしゃなぶつかんじょうこう》真言《しんごん》』（『大正大蔵経』一九巻）や菩提流支《ぼだいるし》訳『不空羂索神変《じんぺん》真言経』（『大正大蔵経』二〇巻）などに説かれています。

　この真言は、大日如来の真言にして、また一切諸仏菩薩の総呪であると説かれています。不空訳では、こ

光明（真言）曼荼羅　光明真言の円のなかに、胎蔵界大日真言ア・ビ・ラ・ウン・ケンが書かれ、さらに下方の向かって右に不動明王の種子カン、左に降三世明王の種子ウンを配する。

光明曼荼羅の諸相

図①

自利行の場合

図②

利他行の場合

図③

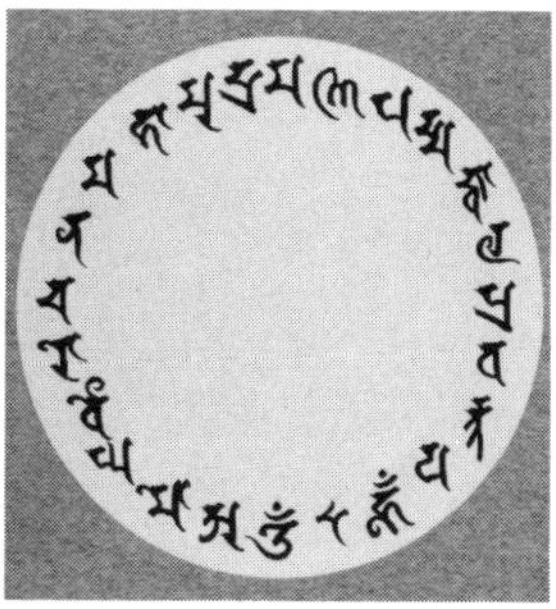

自利・利他兼用の場合

の真言を聞くことによって、一切の罪障を除滅し、諸々の苦しみから脱することができます。またこの真言をもって加持した土砂（土砂加持《どしゃかじ》）を亡者または墓所に散ずれば、光明真言の加持力によって、光明の身を得て、すみやかに罪障を除き、極楽浄土に往生することができると説いています。

光明真言は、弘法大師空海の『三十帖策子《さんじゅうじょうさくし》』（入唐中の勉学ノート。三十帖に仕立ててある）の第十九帖の中に収められております。また『真言宗所学経律論目録』（『三学録』）に記載されており、大師も請来されています。

しかし、光明真言が誦呪普及してくるのは平安時代中期以降からと言われています。特に、土砂加持法と結びつき中世以降その信仰が盛んになっていきます。栂尾明恵上人《とがのおみょうえしょうにん》（一一七三〜一二三二）、奈良西大寺興正菩薩叡尊《こうしょうぼさつえいぞん》（一二〇一〜一二九〇）は、光明真言の功徳を不断念仏や土砂加持法によって教え導き、一般民衆に普及していきます。

この真言は、昔から真言宗、天台宗など、また出家、在家の別なく信仰されてきた真言です。真言宗においては、光明真言を唱えることが心を安住（安心《あんじん》）させる、もっとも入りやすい道の一つであるとされています。ですから、唱えることも、書写されることも一番多い真言と言えます。

古来、光明真言を本尊とした曼荼羅《まんだら》や書き方の書式が数多く伝わっています。

◆光明（真言）曼荼羅とは◆

光明（真言）曼荼羅は数種伝わっています。前頁に掲載した曼荼羅は、円の中心から時計回りに胎蔵界大日真言ア・ビ・ラ・ウン・ケンが書かれ、さらに下方の向かって右に不動明王の種子カン字、左に降三世明王の種子ウン字を配する形式を取っていますが、他にも胎蔵界大日如来を尊像であらわしたものや、金胎の大日如来の尊像を上下に配した曼荼羅、また、光明曼荼羅の下に大師の御影《みえい》を配したものなど、さまざまな形式が伝わっています。また、修法の目的によって、光明真言の向きや書き出す位置も異なることがあります。すなわち、自利行《じりぎょう》の目的ならば字の頭を外向きにし（図①）、利他行《りたぎょう》の目的ならば字の頭を内向きにし（図②）、自利・利他兼用の行であれば、真すぐの向きにして（図③）書きます。

◆光明真言破地獄《はじごく》曼荼羅とは◆

光明真言を円形に書写し、中央に僧名、または戒名を書き亡者に授けます。光明真言破地獄《はじごく》曼荼羅は現在も行われており、僧侶、一般の人ともにこれを授けます。

破地獄曼荼羅には、真言のはじめに《オン》《ボク》《ケン》（浄土変の真言）、終わりに《パッ》《タ》（破地獄の義）《ソワ》《カ》を加えたものがあります。

光明真言は、葬儀、法要、土砂加持などから寺院に詣でたときまで、真言宗では必ず唱えています。その功徳とともに普及浸透している真言の一つにあげられます。

光明真言破地獄曼荼羅

行法のなかの梵字

密教の教義は、「教相《きょうそう》」と「事相《じそう》」の分野から成り立っています。教相は『大日経《だいにちきょう》』と『金剛頂経《こんごうちょうきょう》』を所依《しょえ》とした理論的な教えです。事相は、教相に基づいた実践的な教えです。

真言宗では、古来より「事教二相は鳥の両翼の如し」と言って、両方を学んで、はじめて教義の完成を見ます。

つまり、経説に基づいて、本尊（金胎両部曼荼羅《こんたいりょうぶまんだら》）の拝み方の実践を説いたものが事相と言えるでしょう。その拝み方を軌則《きそく》によって実修することを修法《しゅほう》、あるいは行法《ぎょうぼう》と言います。

◆十八道《じゅうはちどう》とは何か◆

『大日経』の教説に依って行法軌則を説いたものを『胎蔵（界）法』、『金剛頂経』に依ったものが『金剛界法』です。それぞれ『胎蔵界念誦《ねんじゅ》次第』、『金剛界念誦次第』という次第が整っています。

金胎両部の行法は、もっとも重要な法軌《ほうき》の一つですが、密教ではこの他、行法において基本となる十八《じゅうはち》道《どう》の行法を説いています。十八道の道とは、十八の印《いん》と真言を結誦《けつじゅ》修法することによって得る功徳を指します。

内容は、古代インドに伝わるお客さまの接待方法を形式化したものと言われています。すなわち、本尊を迎えるにあたって、その迎えてから送るまでの次第を説いたものです。

和食や中華、洋食などのコース料理は、いきなりメインディッシュは出してきません。洋食では、前菜・スープなどがまず出され、お腹の準備が整ってからメインの料理が出ます。そしてデザート、コーヒーなどで、一つのコースが終わります。

　真言宗の行法も、本尊を迎えて修法するのに、準備を整えてから迎えます。興教《こうぎょう》大師覚鑁《かくばん》上人は、十八道行法を、六法と呼ばれる六部門に分類しています。その第一は、行者の身を清浄にする荘厳行者法《しょうごんぎょうじゃほう》、通常は護身法《ごしんぼう》と呼ばれています。第二は、世界を浄めて修行の地を作る結界法《けっかいほう》。第三は、本尊の道場を設ける荘厳道場法《しょうごんどうじょうほう》。第四は、本尊を迎える勧請法《かんじょうほう》。第五は、道場を護るための結護法《けつごほう》。そして、第六が本尊を供養する供養法《くようぼう》です。

　それぞれ、護身法五義、結界二義、道場二義、勧請三義、結護三義、供養三義の六法十八義を十八道と呼んでいます。これを図示すれば次のようになります。

六法	**十八義**（各義に印と真言を説く）
一、荘厳行者法（護身法）	(1) 浄三業《じょうさんごう》
	(2) 仏部三昧耶《ぶつぶさんまや》
	(3) 蓮華部三昧耶《れんげぶさんまや》
	(4) 金剛部三昧耶《こんごうぶさんまや》
	(5) 被甲護身《ひっこうごしん》
二、結界法	(6) 金剛橛《こんごうけつ》（地結《じけつ》）
	(7) 金剛牆《こんごうしょう》（四方結《しほうけつ》）
三、荘厳道場法	(8) 道場観《どうじょうかん》
	(9) 大虚空蔵《だいこくうぞう》
四、勧請法	(10) 宝車輅《ほうしゃろ》
	(11) 請車輅《しょうしゃろ》
	(12) 迎請《げいしょう》
五、結護法	(13) 降三世明王《ごうざんぜみょうおう》
	(14) 金剛網《こんごうもう》（虚空網《こくうもう》）
	(15) 金剛炎《こんごうえん》（火院《かいん》）

六、供養法
- (16) 閼伽《あか》
- (17) 蓮華座《れんげざ》
- (18) 普供養《ふくよう》

この十八道を基本として作られた次第に『十八道念《ねん》誦《じゅ》次第』があります。『十八道念誦次第』では、供養法の次に念誦法（本尊礼拝のしかた）、後《ご》供養（本尊を供養した後の供養）が入ります。念誦法のなかに、入我《にゅうが》我入観《がにゅうかん》、字輪観《じりんがん》などの梵字を観ずる行法が説かれています。

真言行者は、以上述べてきた十八道、金剛界、胎蔵界の行法に不動護摩《ふどうごま》を加えた四つの行法（四度《しど》）を必ず修することになっています（四度《しど》加行《けぎょう》と言い、満行までの日数は流派によって異なります）。

◆行法真言（普供養）◆

十八道真言の一つ一つについては省略しますが、代表として供養法第十八普供養真言をあげておきます。

○普供養（普く無量広大の供養の功徳をもたらす真言）

オン アボキャ ホジャ マニ ハンドマ バジレイ
タタギャタ ビロキテイ サンマンダ ハラ
サラ ウン

「実り多き供養たる摩尼宝珠と蓮華と金剛よ。如来によって照見されしものよ。あまねく流出《るしゅつ》されたまえ。フーン」（種智院大学密教学会編『梵字大鑑』720頁）

普供養は、『十八道念誦次第』では、広大不空摩尼供《こうだいふくうまにく》の別名で出てきます。実際の行法では真言とともに普供養印契《いんげい》、観念（観想念誦する文）が説かれています。

◆行法真言（普礼《ふらい》）◆

道場において本尊および曼荼羅諸尊を礼拝するときに用いる真言に普礼《ふらい》真言があります。特に行法の際には、壇前《だんぜん》普礼、着座普礼、本尊普礼など、諸処にこの

阿字観　大日如来の種子、ア字を本尊として観ずる

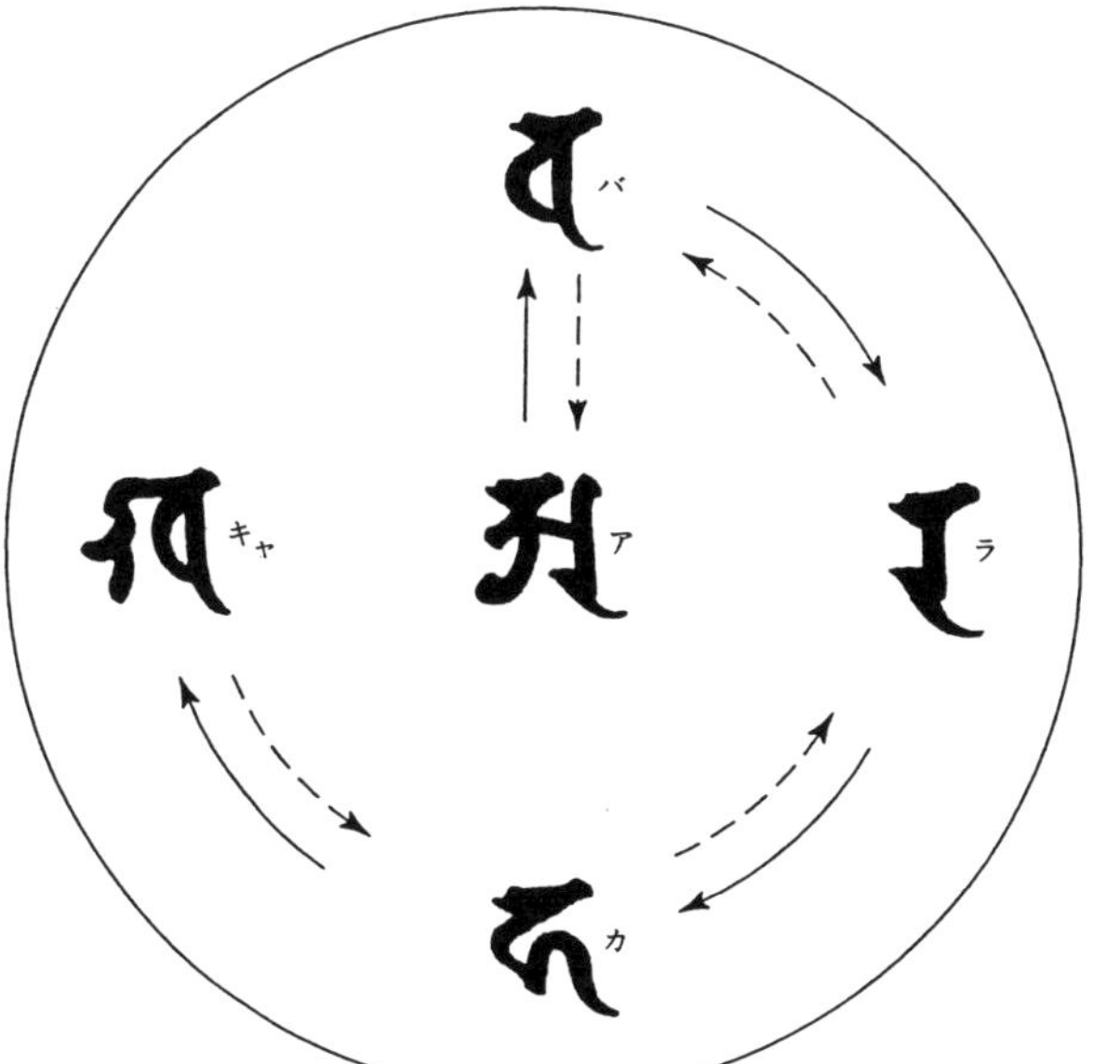

字輪観　大日如来の真言、ア・バ・ラ・カ・キャを、右廻り・左廻りに観ずる

真言を用います。一般の法会や朝夕の勤行、得度式《とくどしき》などの着座、下座にも、普礼真言を唱えながら礼拝します。本尊を拝む基本姿勢は、まず礼拝することです。

○普礼（普く一切如来を礼拝する真言）

オン サ ラバ タ タ ギャ タ ハン ナ マ ンナ ノウ

キャ ロ ミ

「オーン、我は一切如来の御足に頂礼《ちょうらい》したてまつる」

（『梵字大鑑』721頁）

金剛合掌して普礼真言を唱えながら、五体投地《ごたいとうち》三礼します。

◆観法《かんぼう》と種子・真言◆

梵字は、ほとけの世界をあらわす文字ですから、密教では、梵字の種子や真言が種々の観法《かんぼう》に用いられています。すなわち、種子・真言を観ずることによって、本尊と自身とが加持感応《かじかんのう》、入我我入《にゅうががにゅう》し本来の自己を開顕《かいけん》することができると説かれます。

観法でもっとも有名なものに、阿字観があります。次に、いくつかの種子や真言を輪形に観じながら行う字輪観《じりんがん》や、種子を身体の各所に布置すると観じながら行う布字観《ふじかん》などがあります。

ところで、このような観法は、決して独学では行わずに、必ず善き師について行じなくてはなりません。

◆阿字観◆

阿字観は、字の如く𑖀《ア》字を観ずる観法の一つです。𑖀《ア》字は、大日如来の種子です。したがって阿字観の本尊は大日如来です。阿字観は、現在、もっとも普及している観法で、本尊も各種用意されています。初心者は必ず師について学んでください。

◆字輪観◆

ここに掲げた字輪観は、大日如来の真言𑖀《ア》𑖪《バ》𑖨《ラ》𑖮《カ》𑖏《キャ》を、前頁の図のように右廻りに旋《めぐ》って観

―不動明王十九布字観―

不動明王

じ終え、次に逆に左廻りに観じていく観法です。実際の観法では、印を結んで、観想の文《もん》を念じて行法を行います。本尊と自身との不二一体を観ずる行法です。

◆布字観◆

布字観は、本尊の種子や真言を自己の身体の各所に観念を持って置いていき、その字義を自身が観じ、本尊そのものになることを観想する行法です。

不動明王十九布字観は、自身即不動明王と成るための観法で、頂から両足に至る十九の位置に梵字を順次布置していきます。

以上述べてきたように、行法のなかの種子・真言は、経典や儀軌《ぎき》に説かれているもので、観想念誦することによって、自身とほとけとの不二一体を観ずる重要な梵字です。言い換えれば、悟りへの道標《みちしるべ》を行法のなかの種子や真言は教えているのです。

いろいろな観法と梵字

行法のなかの種子や真言は、真言行者が必ず行ずる四度加行《しどけぎょう》と呼ばれる十八道行法・金剛界法・胎蔵界法・護摩法で、それぞれ実修します。

四度加行の行法中では、字輪観《じりんがん》・道場観・布字観など、多くの観法《かんぼう》を修しますが、金剛界法の五相成身《ごそうじょうしん》観《がん》や胎蔵界法の五字厳身観《ごじごんじんかん》も重要な観法の一つにあげられます。

また、四度の行法以外の観法では、百光遍照観《ひゃっこうへんじょうかん》や、前項でとりあげた阿字観などがあります。

◆五相成身観《ごそうじょうしんがん》◆

五相成身観とは通達菩提心《つうだつぼだいしん》・修菩提心《しゅぼだいしん》・成金剛心《じょうこんごうしん》・証金剛心《しょうこんごうしん》・仏身円満《ぶっしんえんまん》の五つの観法のことで、行法は金剛界法の次第のなかに、詳しく説かれています。つまり、五相の印と真言を結誦してほとけと行者の入我我《にゅうがが》入《にゅう》を観じ、即身成仏の境地に入るための行法と言えます。いま、各段階で誦ずる真言をあげておきます。

一、通達菩提心《つうだつぼだいしん》

「オーン。我は心を透徹して知ることをなす」（種智院大学密教学会編『梵字大鑑』743頁）

五相成身観の第一は、通達菩提心で、自心を観察する三昧に住して、先の真言「オーン。我は心(菩提心)を透徹（通達）して知ることをなす」を誦して、自心は形月輪《がちりん》のなかにありと観じて行きます。

通達菩提心は、五相成身観の菩提心開発の第一段階とも言うべき観法です。

二、修菩提心《しゅぼだいしん》

《オン》《ボウ》《ヂ》《シ》《ツタ》《ボ》《ダハ》《ダ》《ヤ》《ミ》

「オーン。我は菩提心を生起せん」（『梵字大鑑』743頁）

修菩提心の真言は、日常の勤行で唱える発菩提心の真言と同じです。菩提心とは悟りの心のことで、発菩提心は悟りの心を発《おこ》す、ということになります。

修菩提心は、すなわち「心のなかに月輪《がちりん》を観じ、菩提心を証すること得べし」と念じて真言を唱えます。

第一の通達菩提心、第二の修菩提心は、菩提心の種子《ア》（阿字）をそれぞれ、黒色阿字、真金色阿字と観じていきます。この二つの観法は菩提心の種子を観ずる観法でもあります。

三、成金剛心《じょうこんごうしん》

《オン》《チ》《シユタ》《バ》《ザラ》

「オーン。立てよ。金剛よ」（『梵字大鑑』744頁）

成金剛心は、行者の菩提心がさらに堅固になるようにと、この真言を唱えます。第三段階は、行者の自心が金剛蓮華と成ると観じていきます。本尊の三昧耶《さんまや》を観ずる観法です。

四、証金剛心《しょうこんごうしん》

《オン》《バ》《ザラ》《タマ》《ク》《カン》

「オーン。我は金剛を本質とするものなり」（『梵字大鑑』745頁）

証金剛心は、行者の自心が金剛蓮華界と観ずる段階、すなわち、行者の自心に本尊の三昧耶を体得する観法です。

この真言は《オン》《バ》《ザラ》《ハン》《ドマ》《タマ》《ク》《カン》を用

いることもあります。

五、仏身円満《ぶつしんえんまん》

《オン》《ヤ》《タ》《サ》《ラバ》《タ》《タ》《ギャ》《タ》《サタ》《タ》《カン》

「オーン。我はまさに一切如来のごとくである」

（『梵字大鑑』746頁）

仏身円満において、行者とほとけは入我我入の世界に至ります。つまり、第四の三昧耶身から第五は我身本尊の身と成ると観じます。

以上が五相成身観の真言についての教えですが、このように、種子・真言は観法と直接結びついています。

五相成身観では、通達菩提心・修菩提心は種子観、成金剛心・証金剛心は三形観《さんぎょうかん》（三昧耶）、仏身円満は尊形観《そんぎょうかん》を説いています。すなわち、「阿字（菩提心の種子）転じて金剛蓮華と成る（三昧耶）、金剛蓮華転じて、我一切如来と成る（尊形）」です。

◆五字厳身観《ごじごんじんかん》◆

『大日経』に説く五字厳身観は、行者の身の五処（腰・臍《ほぞ》・心《むね》・眉間・頂上）に五大の種子《キャ》《カ》《ラ》《バ》《ア》を布置して身を荘厳し、我身は五大の法《ほう》界塔婆《かいとうば》となり、五智の大日如来と成る——と観ずる布字観の一つです。

五字厳身観は、前述した金剛界法の五相成身観に相対する観法であると言われています。

観法は、まず第一に《ア》字を腰以下に布置し、観念と地大の印明《いんみょう》を結誦します（観念と印明は省略します）。第二以下、《バ》字を臍《ほぞ》上（水大の印明）、《ラ》字を心《むね》（火大の印明）、《カ》字を眉間（風大の印明）、《キャ》字を頂上（空大の印明）に布置していきます。

また、《ア》《バン》《ラン》《カン》《ケン》のように、《バ》字以下に空点をつけた観法もあります。

――百光遍照観――

百光遍照観は、『大日経』「説百字生品」を典拠に展開したもの。中心にアン字、第二重に母音十二字、第三重以下に子音二十五字の四転を、それぞれ布置する。

◆百光遍照観《ひゃっこうへんじょうかん》◆

百光遍照観（前頁参照）は、百光遍照王観とも称し、布字観の観法の一つです。

百光遍照観は、『大日経』「説百字生品」（大正大蔵経一九巻、40頁）を典拠に展開されてきたと言われています。すなわち、「説百字生品」には、《ノウ》《マク》《サ》《マ》《ンダ》《ボ》《ダ》《ナン》《アン》の百光遍照王真言が説かれています。その中の《アン》字を種子として中尊に布置し（大日如来）、第二重に時計回りに摩多《また》（母音）十二字を置き（大日如来の全身）、第三重以下、体文（子音）二十五字（五類声《ごるいじょう》）の四転の梵字を布置しています。四転を各円周に配当すると第三重に発心点（命点）、第四重に修行点（長阿点）、第五重に菩提点（空点）、第六重に涅槃点、合計百字を布置します。

百光遍照観の百光とは、第三重輪から第六重輪の百字の光明のことで、百光遍く法界を照すというところからこの名がついています。百光遍照観は、百光が遍照していると観ずる布字観の一つです。

大日如来（胎蔵界）

行法や観法の中で用いられている種子や真言は、必ず「何々転じて本尊（ほとけ）と成る」ということがわかりました。このように、密教の行法には、「種《しゅ》（＝種子）三《さん》（＝三昧耶形、本尊の誓願を象徴する持物）尊《ぞん》（＝尊形、本尊の姿）」を観ずるための観法が組まれており、それが一座行法の中核を成しています。

種子曼荼羅

前項では、修法中に行者と本尊と一体になる観法、すなわち、字輪観や布字観などのお話をしました。

これらの行法以外にも、行法のなかの大事な観法の一つに「道場観」があります。道場の原語は曼荼羅《まんだら》（maṇḍala）です。すなわち、ほとけの道場という意味でボーディマンダラ（bodhimaṇḍala）と言います。

◆道場観と曼荼羅◆

道場観とは、心中に本尊の曼荼羅を建立する際、行者自身の胸中、あるいは壇《だん》上（曼荼羅壇とも言います）に、その本尊の曼荼羅を観ずる行法です。

道場観は、順次須弥山《しゅみせん》（器界《きかい》観）、宝楼閣《ほうろうかく》観、曼荼羅観を修していきますが、最後の曼荼羅観が、種子→三昧耶《さんまや》→尊形のいわゆる種《しゅ》・三《さん》・尊《ぞん》を観ずる行法です。

たとえば、修法の本尊が大日如来の場合、曼荼羅観は、「月輪《がちりん》上に𑖪𑖽《バン》字（種子）有り、五大所成《そしょう》の法界《ほうかい》塔婆《とうば》（三昧耶形）と成る、塔婆変じて大日如来（尊形）と成る」と、種子、三昧耶、尊形へと順次観想していきます。

このように、行者が本尊の曼荼羅を観じていく行法を観想曼荼羅と言います。

曼荼羅には、言葉の意味や形式の上で、さまざまな解釈が与えられています。

◆種子曼荼羅とは◆

曼荼羅の解釈は多義にわたりますが、中国や日本では、「輪円具足《りんねんぐそく》」と訳されています。

輪円具足とは、大日如来を中心に諸仏、諸菩薩が集まり、調和が保たれている状態を指します。諸仏菩薩のなかにはそれぞれ所属の違うほとけたちもいますが、大日如来のはたらきを助けるという意味ではみな同じ目的を持っています。言い換えれば、曼荼羅の諸仏菩薩は大日如来のはたらきの一分野を相《すがた》を変えてあらわしたもので、本質は大日如来と同じものです。

曼荼羅とは、悟りの世界を図絵であらわしたもので、弘法大師空海も『御請来目録』に「密蔵深玄《しんげん》にして翰《かん》墨《ぼく》（筆と墨。文章）に載《の》せ難《がた》し。更に図画を仮《か》りて悟らざるに開示す」と言っているように、仏画か種子を仮りて悟りの世界を示すことを強調しています。

曼荼羅のなかでも、種子で標幟《ひょうじ》したものを種子曼荼羅、あるいは法曼荼羅と呼んでいます。

種子曼荼羅は、『大日経疏《しょ》』第一三「転字輪曼荼羅行品」のなかに説かれています。つまり、弟子が阿闍梨になるための灌頂壇に登る（入壇《にゅうだん》）のに、種子曼荼羅を作ることを許され、実際に作り方を説いています。

種子曼荼羅が、密教とともに日本へ伝えられたのは、おもに入唐八家《にっとうはっけ》（最澄・空海・常暁《じょうぎょう》・円仁・円行・恵《え》運《うん》・円珍・宗叡《しゅうえい》）の力によるものが大きいと言えます。

いま各家の請来目録をみると、最澄↓梵字種子曼荼羅・一張、空海↓大悲胎蔵法曼荼羅・一鋪《ほ》、常暁↓金剛界三十七尊種子曼荼羅・一面、円仁↓金剛界三十七尊種子曼荼羅・一張、金剛界八十一尊種子曼荼羅・一張、大悲胎蔵法曼荼羅・一鋪、円珍↓金剛界八十一尊法曼荼羅壇面・一張などが記載されています。

これらの請来原本の所在は不明ですが、中国で種子曼荼羅が作られていたことがわかります。

このようにして、種子曼荼羅が日本へ請来されますが、文字（梵字）に甚深《じんじん》の義理を見いだし、それを強調したのは弘法大師空海です。

『即身成仏義』には、「法曼荼羅、本尊の種子真言な

り。もしその種子の字を各本位に書く、是れなり」（『弘法大師全集』第一輯、513頁）

これによれば、法曼荼羅とは、種子の曼荼羅で、種子をそれぞれ諸尊の配された位置に正しく書いたもの、それが法曼荼羅であると言っています。

弘法大師以来、種子の研究が盛んになり、日本でも多くの種子曼荼羅が作られていきます。

◆曼荼羅の区分◆

種子は、前述のように観想曼荼羅のなかで発展していきます。

伝統的に、曼荼羅は次の三種に区分整理して解釈されています。

㈠、自性《じしょう》曼荼羅

自性曼荼羅とは、大日如来の悟りそのものを指しています。悟りの本性ですから、自性曼荼羅は形としては表現されません。

観想曼荼羅は、自性曼荼羅を体得するための密教独自の観想を説いたものです。

㈡、観想曼荼羅

経典、儀軌《ぎき》、行法次第など、行者が正しい方法によって、自身のなかに本尊の曼荼羅を建立し、悟り（自性曼荼羅）を体得していく行法が観想曼荼羅です。実際には、行法次第のなかに説かれている字輪観や道場観がこれにあたります。これも観念の世界です。

㈢、形像《ぎょうぞう》曼荼羅

形像曼荼羅は、大曼荼羅（尊像）、三昧耶曼荼羅、法曼荼羅、羯磨《かつま》曼荼羅（立体）の四種がこれにあたります。

曼荼羅を心中に観想することのできない者は、実際に図画や立体物など、形であらわした曼荼羅によって

――両界種子曼荼羅――

胎蔵界種子曼荼羅

金剛界種子曼荼羅

（いずれも、種子＝児玉義隆筆、作図＝中村佳睦筆。
千葉・徳蔵寺蔵）

行を修していきます。第二の観想曼荼羅の助けとなるものが、形像曼荼羅です。種子曼荼羅は形像曼荼羅に区分されます。私たちが、一般に曼荼羅と言った場合、形像曼荼羅を指します。形像曼荼羅に、両界、別尊、垂迹《すいじゃく》などの種類があります。

◆種子曼荼羅の種類◆

(一)、両界種子曼荼羅

金胎両部の諸尊を種子で標幟した曼荼羅のことで、これに掛《かけ》曼荼羅と敷《しき》曼荼羅の両様が伝わっています。

(二)、別尊種子曼荼羅

行法の目的によって個別の本尊の種子を用いて書いた曼荼羅を掛けることがあります。八字文殊法には八字文殊種子曼荼羅、法華経法には法華種子曼荼羅、星《ほし》供《く》には北斗種子曼荼羅が本尊として用いられます。もっとも、種子の曼荼羅を用いるか尊像の曼荼羅を用いるかは密教の法流（修法の流派）によって異なります。

八字文殊種子曼荼羅
（種子＝児玉義隆筆、作図＝長谷法寿筆）

(三)、垂迹《すいじゃく》曼荼羅

神仏習合系の曼荼羅で、山王《さんのう》二十一社の熊野曼荼羅などに種子を用いたものがあります。

◆種子曼荼羅の用途◆

(一)、掛曼荼羅

本尊として掛ける曼荼羅と、道場荘厳として本尊の両脇に掛ける曼荼羅がありますが、掛け様は法流によって異なります。

北斗種子曼荼羅（種子＝児玉義隆筆、作図＝中村佳睦筆。大阪・真龍寺蔵）

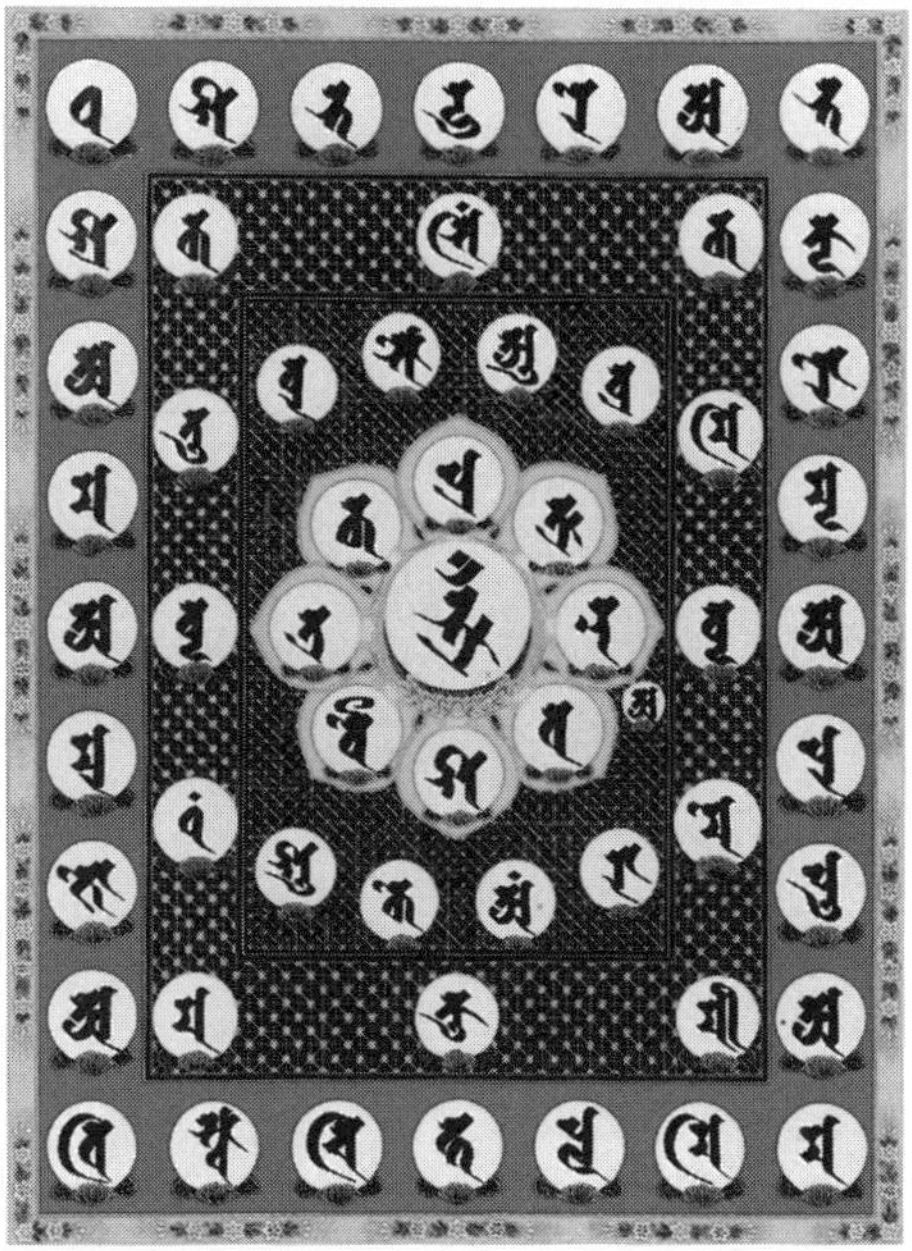

(二)、敷曼荼羅

伝法灌頂の投《とう》華《け》得仏《とくぶつ》に際し、壇上に敷く曼荼羅のことで、金剛界と胎蔵界の種子の敷曼荼羅を用います。これも法流によって異なりますが、小野《おの》流と呼ばれる流派は種子を用いると言われています。

種子曼荼羅をさまざまな角度から見てきましたが、おもに日本へ密教が伝わってから、その教義とともに発達し、定着したものと思われます。また、種子の持つ神秘性や、尊像に較べて容易に書けることも、種子曼荼羅が受け入れられる要因として考えることができます。

悉曇灌頂

本項は、日本悉曇《しったん》学の特色の一つである悉曇の相伝についてお話していきます。

古来から、梵字悉曇は「摩多体文《またたいもん》」「悉曇十八章」の伝授をもって相承されてきました。通常、悉曇十八章の伝授で悉曇の相伝が終わりますが、さらに日本相承の梵字悉曇では、悉曇の奥義を伝え梵字悉曇の阿闍梨になるための儀式が継承されています。この儀式を「悉曇灌頂《しったんかんじょう》」と言います。

悉曇灌頂は、悉曇に限定した灌頂で、伝法灌頂のように必ず受けなくてはならないというものではないようです。おそらく、伝法灌頂に擬して作られたもので、中世頃からはじまったものと伝えられています。

したがって、悉曇灌頂に関する文献資料は、インド、中国には見あたりません。

現行の悉曇灌頂は、真興《しんごう》（九三四～一〇〇四）を流祖とする真言宗の法流・子嶋流《こしまりゅう》（壷阪《つぼさか》流とも言う）で相承されています。

◆悉曇灌頂《しったんかんじょう》の加行《けぎょう》◆

悉曇灌頂を受ける者は、その前に準備的な修行をします。この修行を悉曇加行《しったんけぎょう》と言います。

悉曇加行は、本尊宝前に供花《くか》を供え、加行次第に説かれた印言《いんごん》（印契《いんげい》と真言）を誦し、次いで摩多体文（アからキシャまでの五十一字母）を七遍唱えます。

これを毎日三座七日間行じて結願《けちがん》となります。

続いて、不動明王を本尊とした不動法《ふどうぼう》（不動明王の

悉曇曼荼羅（京都・安楽寿院蔵）

金剛界（西）

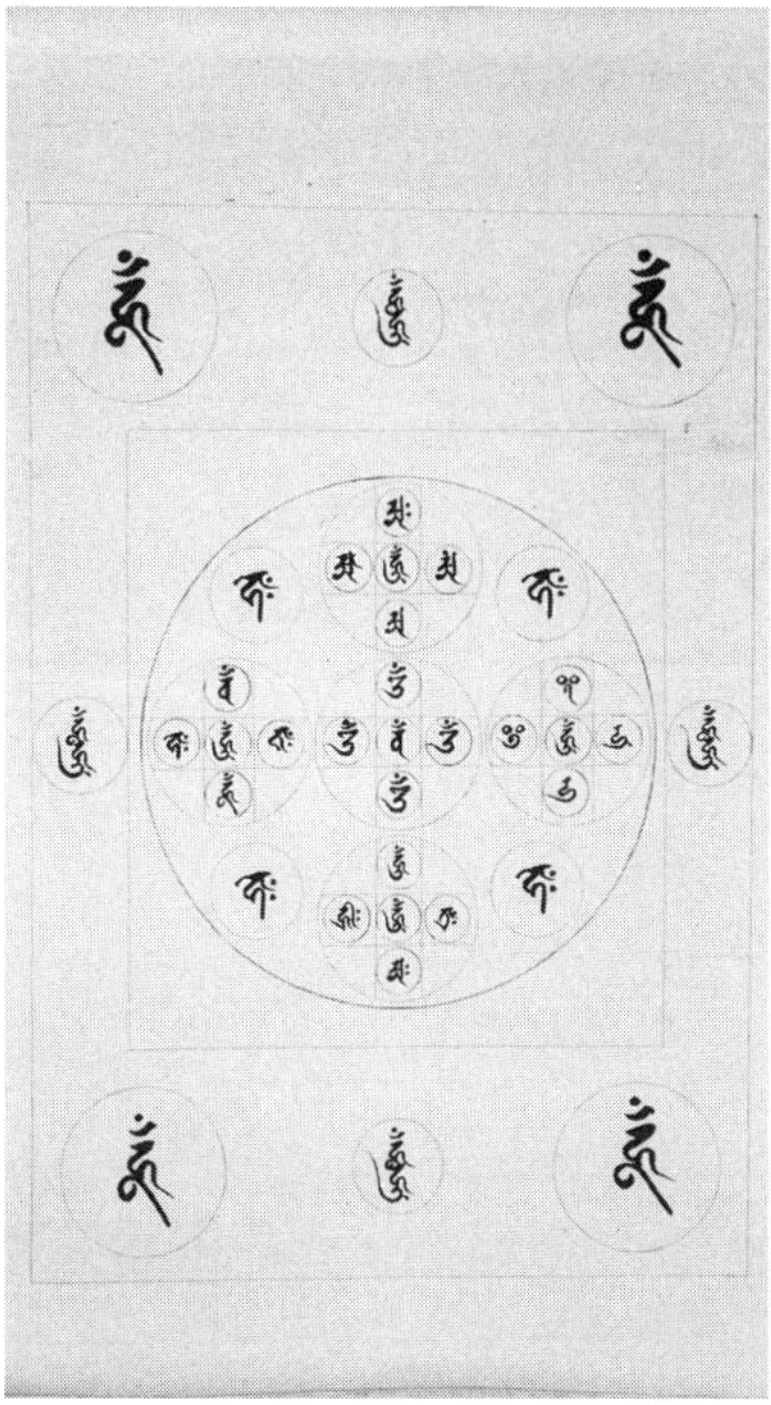

胎蔵界（東）

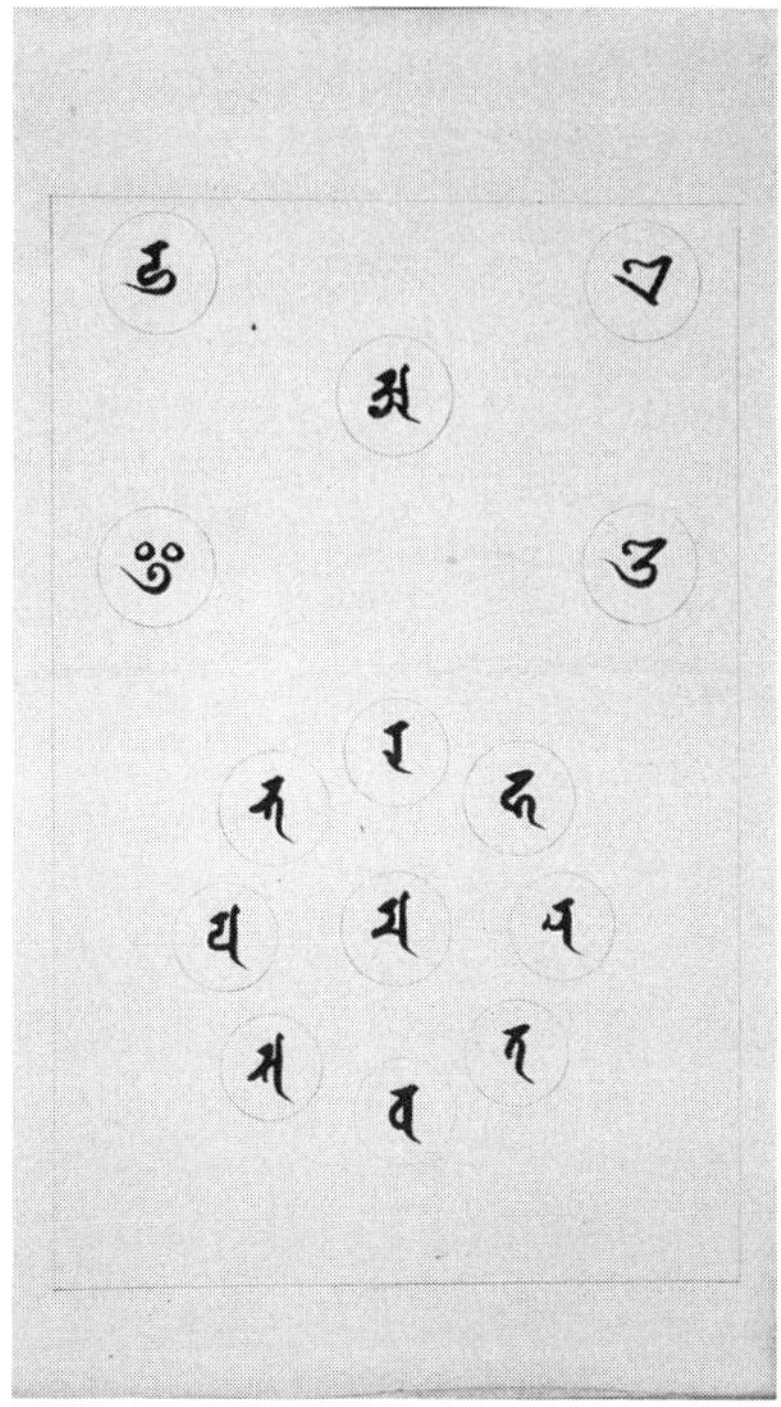

悉曇灌頂の道場（写真＝徳島・真楽寺蔵。中央に金剛界・胎蔵界の悉曇曼荼羅、その左右に観音・文殊の真言、周囲に真言八祖の梵号を配する）

行法）を、同じく三座七日間修します。

悉曇加行の最後は、悉曇灌頂加行と言い、毎日一遍、七日間、悉曇十八章を暗誦暗書します。

摩多体文や悉曇十八章の読み書きは、悉曇灌頂をスムーズに行うための前行的なもので、不動法を修するのは、悉曇灌頂の無魔成就を祈願するためのものです。

悉曇加行が終わると、悉曇灌頂を授かります。

◆悉曇曼荼羅《まんだら》◆

悉曇灌頂に用いる種子曼荼羅で、東西両曼荼羅を用意します（前頁写真参照）。

金剛界は、九会《くえ》曼荼羅の成身会《じょうじんね》を擬して作られたようで、五仏を中心に、四波羅蜜《しはらみつ》菩薩や十六大菩薩の種子が月輪《がちりん》中に画かれています。

一方、胎蔵界は摩多体文を月輪中に配当し、上段に摩多、下段に体文を中台八葉院《ちゅうだいはちよういん》のように配列してあります。

これらの曼荼羅に説かれている種子や摩多体文各字は、灌頂儀式のなかで受者に授けられます。すなわち、曼荼羅に説かれた種子真言を阿闍梨から口誦伝授されるのです。

さらに、諸尊の種子を受者の身体に布置していく行法である布字観も行じます。

これらの両曼荼羅を道場の西（金剛界）と東（胎蔵界）にそれぞれ掛けて祀ります。

◆悉曇灌頂の道場◆

悉曇灌頂には、道場を設《しつら》います（前頁写真参照）。

古来、灌頂の道場にはいく通りか相伝されています。

道場には、両曼荼羅の他、真言八祖の梵号、観音や文殊菩薩の真言を掛けます。いま一例を示すと、阿闍梨は北向きに修し、北面の左右に真言八祖の梵号を掛けます。その東側中央に壇を設け、胎蔵界曼荼羅を掛けます。西側も同じように中央に壇を設け、金剛界の

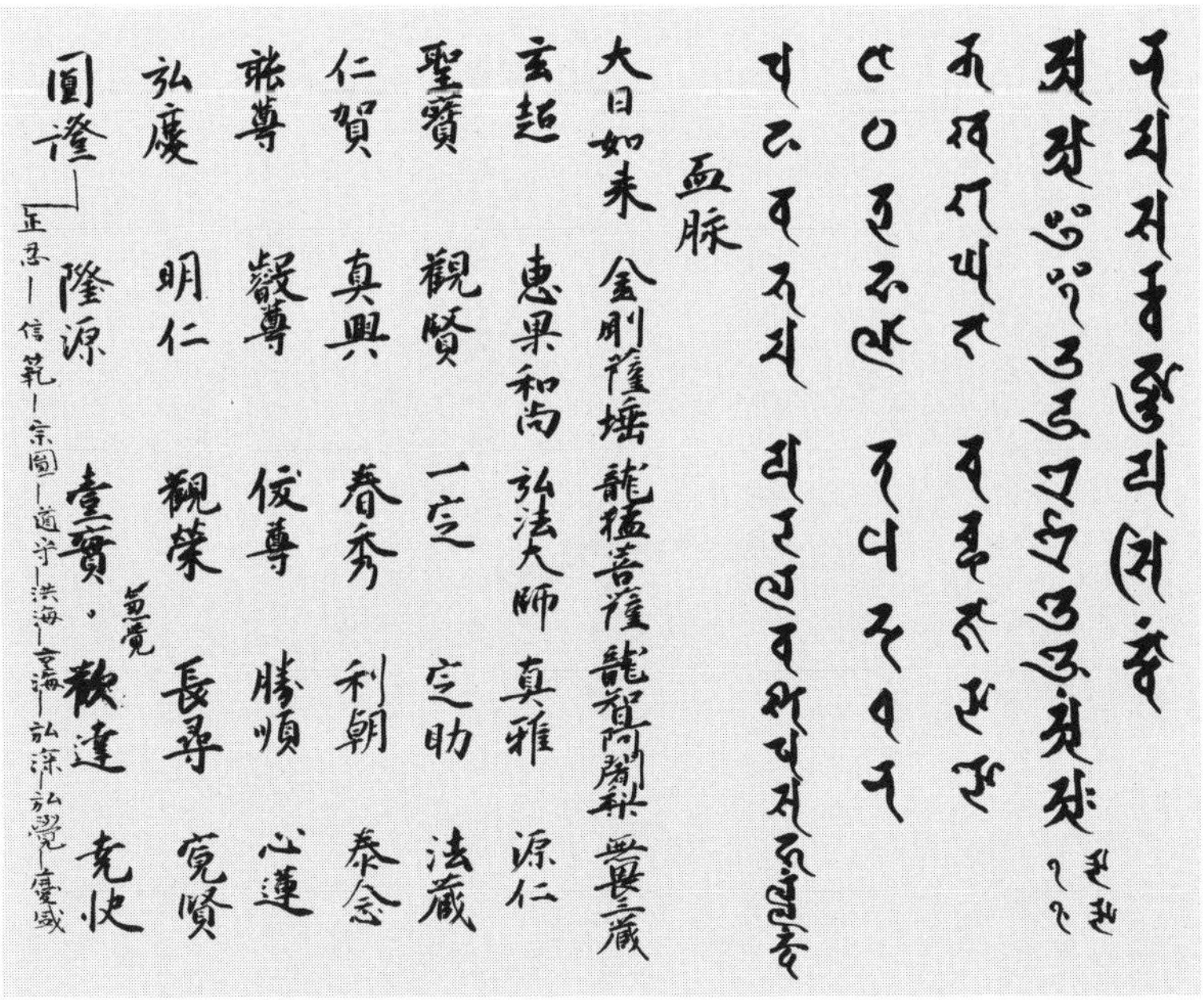

悉曇灌頂の印信の一部（ちなみに著者は、昭和五十八年、大山公淳阿闍梨から悉曇灌頂を受けた）

曼荼羅を掛けます。

また、西に観音、東に文殊を祀ります。

このように道場を設い、悉曇灌頂に臨みます。

◆悉曇灌頂の儀式◆

悉曇灌頂は、悉曇の阿闍梨となるための奥義を授かる儀式です。そのため、古来から相承されてきた口伝や秘伝などが多く含まれています。

灌頂道場では、阿闍梨からそれらを悉《ことごと》く相承します。悉曇の血脈相承も重要な相伝の一つです。密教では弟子が阿闍梨（師）から法を相承したということが大切なことなのです。悉曇灌頂もそのためのものなのです。悉曇血脈は、真言宗の悉曇の相承系譜を示したものです。

また、悉曇の奥義を伝える印信《いんじん》（阿闍梨から秘法を伝授した証として、弟子に授ける証書）に悉曇十二通《しったんじゅうにつう》の印信があります。これは、悉曇十二通切紙大事《きりがみだいじ》・悉曇の諸大事などと題したもので、全十二通あるところから、この名称があります。このなかの多くは、悉曇の重要な発音上の法則を伝えるもので、日本悉曇学を相承するための重要な印信の一つに数えられます。

こうして、悉曇の阿闍梨から数十種類の印信を授かり、悉曇の奥義を伝え、新しい悉曇の阿闍梨が誕生します。

◆悉曇灌頂の意義◆

以上、悉曇灌頂について述べてきました。悉曇灌頂は、現在において厳修されることは少ないと思いますが、儀式上、実際の作法がともないます。そのため、伝法灌頂を受けていない者は悉曇灌頂も受けることができません。

悉曇灌頂は、悉曇の阿闍梨となるのみでなく、悉曇の奥義を授かり、それを相伝していくためにも重要な儀式であります。

前述したように、悉曇灌頂の印信のなかには、相承悉曇学上、学ばねばならない悉曇の連声《れんじょう》や悉曇相通《そうつう》という専門的分野が相伝されており、伝統的に見ても重要な儀式の一つであります。

梵字の写経——『般若心経』『観音経』

梵字は、本来サンスクリット語を表記するために用いられたもので、仏教では経典に書写されています。いわゆる、貝葉経《ばいようきょう》がこれにあたります。日本へ将来されたのは、中国で翻訳された漢訳経典ですが、一部サンスクリット原典（貝葉経）も伝わっています。悉曇《しったん》梵字で書写された貝葉経では、法隆寺貝葉がよく知られています。このなかに説かれている梵本の『般若心経』は、日常書写読誦されている玄奘三蔵訳の原本と内容的にも近いことで貴重な資料と言われています。

『般若心経』と言えば、数ある経典のなかでももっともポピュラーで、写経にも用いられています。

写経とは、文字通りお経を書き写すことで、奈良写経や平家納経で知られるように大変歴史のあるものです。

本項では、梵字の写経をテーマに選びました。写経は、漢訳経典が中心ですが、本来は梵字で書写されたものですから、梵字の写経もあっていいのではないでしょうか。

梵字は、漢字のようにお手本を見て誰にでもすぐに書写できるものではありません。梵字で写経する場合は、善き師の指導を仰ぐのがよいでしょう。そのためのお手本を次頁に掲載させていただきます。

◆梵字『般若心経』のお手本◆

『般若心経』の梵本には、略本と広本の二本があり

梵字般若心経（著者作）

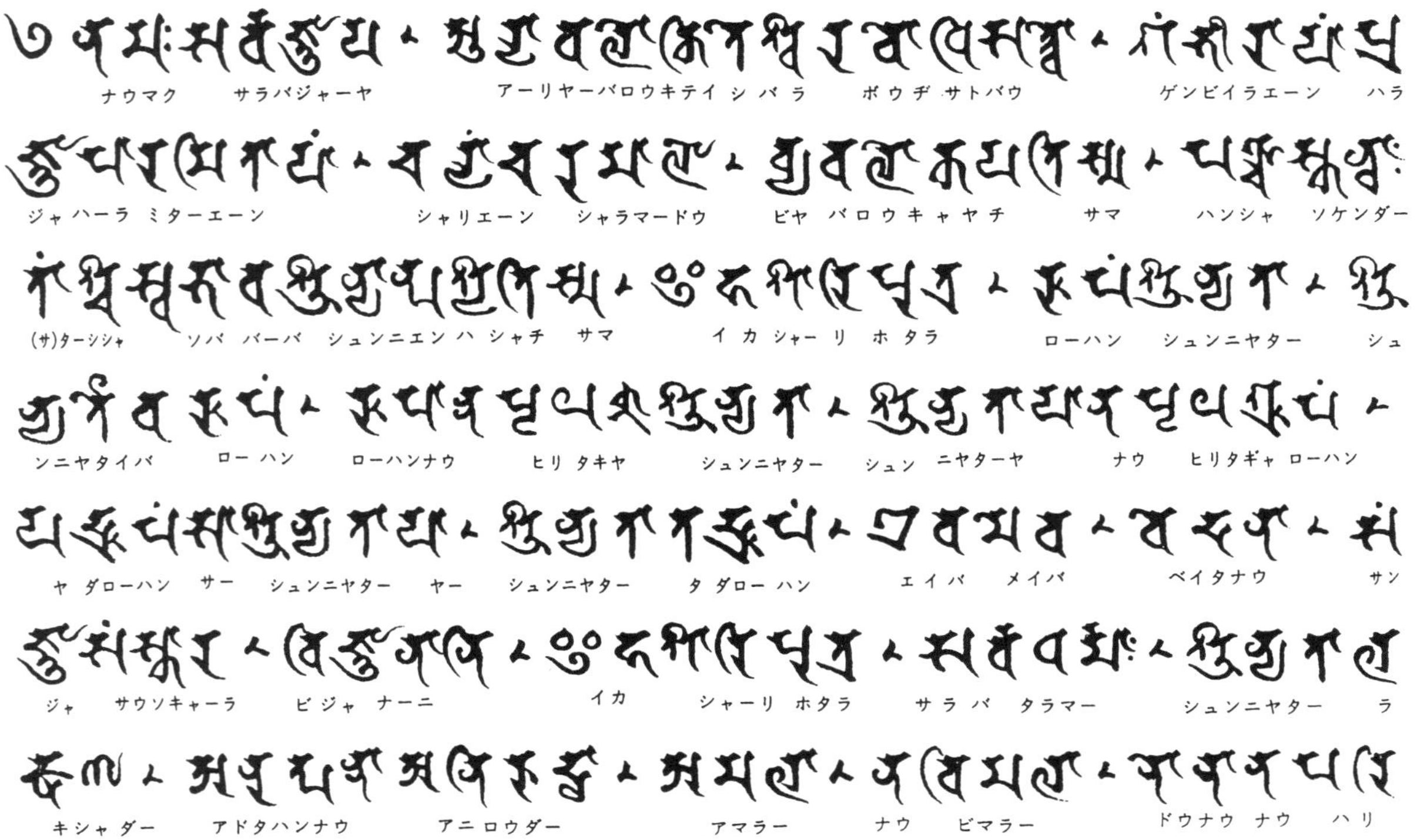
ナウマク　サラバジャーヤ　アーリヤーバロウキテイ シ バ ラ　ボ ウ ヂ サトバウ　ゲンビイラエーン　ハラ
ジャハーラ ミターエーン　シャリエーン　シャラマードウ　ビヤ バロウキャヤチ　サマ　ハンシャ　ソケンダー
(サ)ターシシャ　ソバ バーバ　シュンニエン ハ シャチ　サマ　イ カ シャー リ　ホ タラ　ローハン　シュンニヤター　シュ
ソニヤタイバ　ロー ハン　ローハンナウ　ヒリ タキヤ　シュンニヤター　シュン　ニヤターヤ　ナウ　ヒリタギャ ローハン
ヤ ダローハン　サー　シュンニヤター　ヤー　シュンニヤター　タ ダロー ハン　エ イ バ　メイバ　ベイタナウ　サン
ジャ　サウソキャーラ　ビ ジャ　ナーニ　イカ　シャーリ　ホタラ　サ ラ バ　タラマー　シュンニヤター　ラ
キシャ ダー　アドタハンナウ　アニ ロウダー　アマラー　ナウ　ビマラー　ドウナウ　ナウ　ハリ

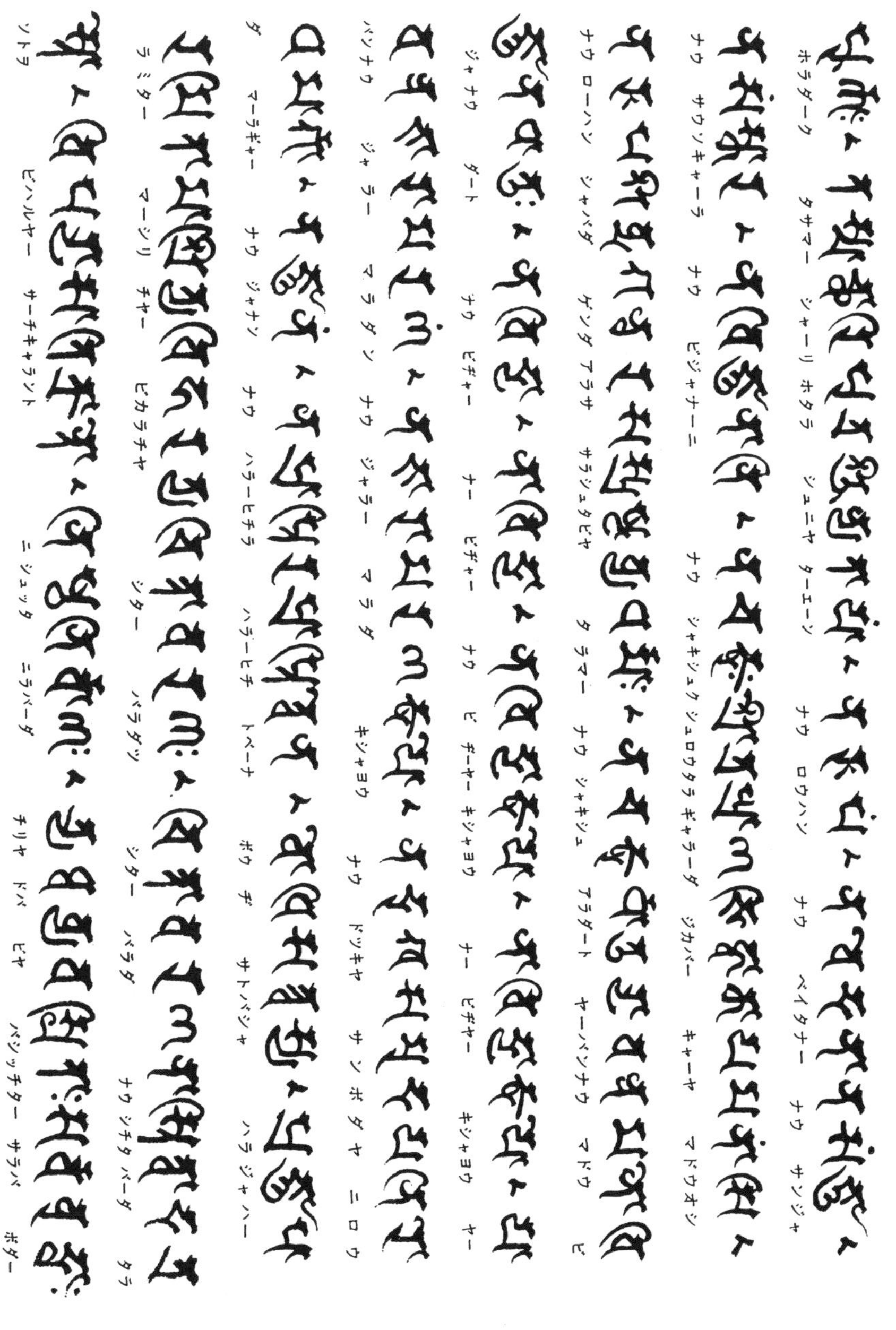
ホラダーク タサマー シャーリ ホタラ シュニヤ ターエーン ナウ ロウハン ナウ ベイタナー ナウ サンジャ
ナウ サウンキャーラ ナウ ビジャナーニ ナウ ジャキシュクシュロウタラ ギャラーダ ジカバー キャーヤ マドウオン
ナウ ローハン シャバダ ゲンダ アラサ サラジュタビヤ タラマー ナウ ジャキシュ アラダート ヤーバンナウ マドウ ビ
ジャナウ ダート ナウ ビギャー ナー ビギャー ナウ ビ ギーヤー キシャヨウ ナー ビギャー キシャヨウ ヤー
バンナウ ジャラー マラダン ナウ ジャラー マラダ キシャヨウ ナウ ドッキヤ サンボダヤ ニロウ
ダ マーラギャー ナウ ジャナン ナウ ハラーヒチラ ハラーヒチ トベーナ ボウ ギ サトバジャ ハラジャハー
ラミター マージリ チャヤー ビカラチヤ シター バラダツ シター バラダ ナウシチタバーダ タラ
ソトラ ビハルヤー サーチキャラント ニシュッタ ニラバーダ チリヤ ドバ ビヤ バンッチター サラバ ボダー

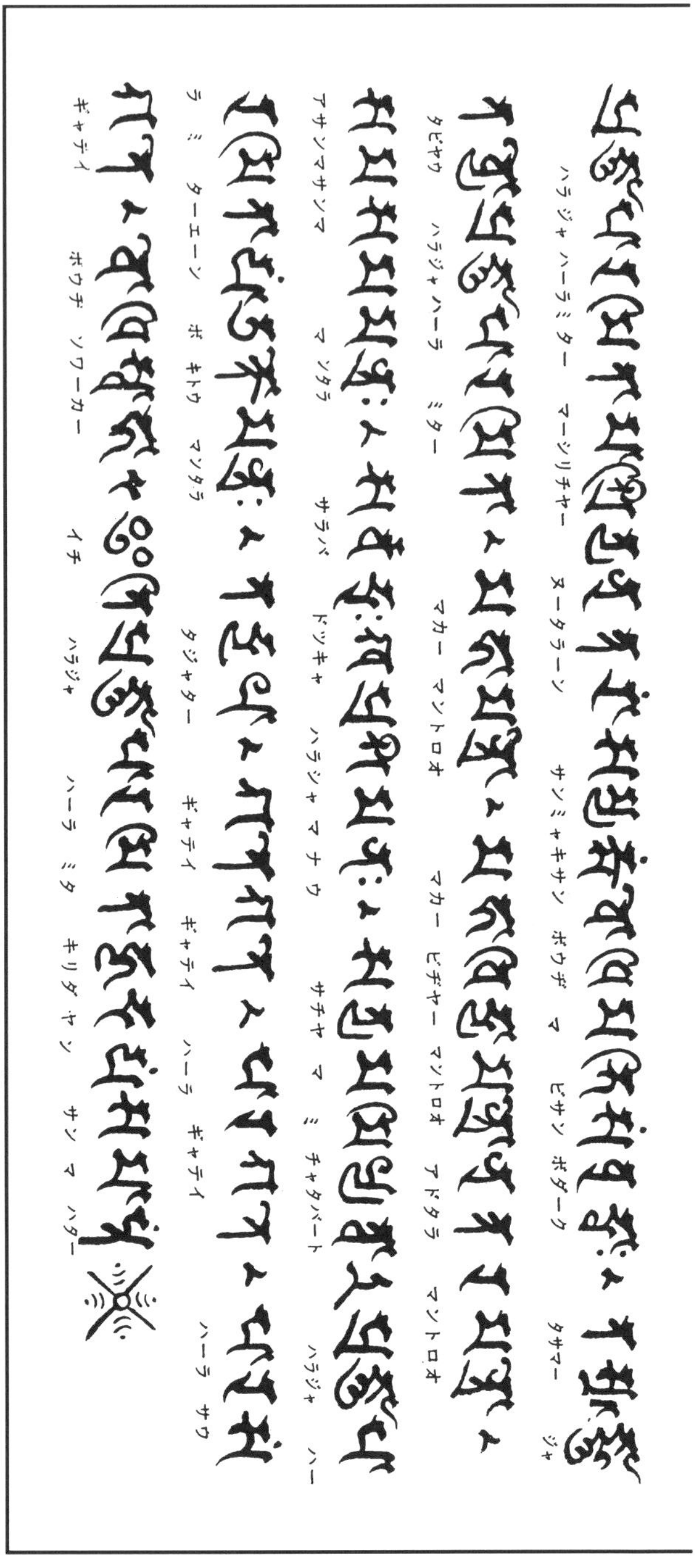

ますが、玄奘三蔵訳は略本とほぼ合致します。

本書掲載の梵本は、榊亮三郎博士校訂の『般若心経』(『解説梵語学』所収・明治四十年・原本はデーヴァナーガリ体)をベースとしたもので悉曇文字にあらためています。

梵本『般若心経』のお手本としては、浄厳《じょうごん》律師が法隆寺貝葉を写した『貝葉訳経記』と慈雲《じうん》尊者飲光《おんこう》の校訂本がよいと思いますがいずれも入手困難です。

お手本のカナについては、真言宗慣用音によっています。

◆梵字の写経◆

梵字で写経する場合の注意としては、まず写経する経典の原典の有無が大前提となります。

江戸時代の梵学者・慈雲《じうん》尊者飲光《おんこう》（一七一八～一八〇四）は、『般若理趣《りしゅ》経』を漢訳から梵本への還梵を試みていますが、通常は原典の存在している経典がよいでしょう。

原典があって悉曇文字で書写されているものは限定されてきます。短文のものでは梵本の『般若心経』、長文では『悉曇阿弥陀経』が存在しています。『観音経』も写経には適していますが、原典はデーヴァナーガリ体梵字で表記されているため、悉曇文字に書き替えなくてはなりません。著者が試し書きをした悉曇文字の『観音経』を、本項の最後に掲載しました。関心のある方は参考にして

歸命一切智 聖 觀 自在 菩薩 深
般若 波羅蜜多 行 行 時 等 觀
五 蘊 等 自性 空 見 此 身子
梵本般若波羅蜜多心經
色 空 空 如是 色 色 不 異 空 空
不 異 色 色 空 空 色
如是 如是 受 想 行 識 此 身 子

慈雲飲光とその梵本般若心経（部分）

ください。ただし、『観音経』の偈頌のみです。

他に写経としては、真言・陀羅尼があります。これは、最初から悉曇文字で書写されています。写経の目的如何によってはこういう写経もよいのではないかと思います。

ここで取り上げたのは、梵本の『般若心経』です。梵字『般若心経』は、横書き縦書きの両様が相承されています。初心の者には、横書きが適していると思います。梵字は、本来横書きなのです。

◆写経の功徳◆

経典には、読誦する功徳、書写する功徳を説いたものが少なくありません。

『般若理趣経』には、経文を日々に読誦し思念して作意《さくい》すればその功徳が広大である旨を説いています。

写経の功徳については主として大乗経典に説かれています。たとえば、『法華経』法師功徳品《ほっしくどくほん》第十九の冒頭に「若《も》し善男子・善女人にして、この法華経を受持《じゅじ》し、若しくは読み、若しくは誦し、若しくは解説《げせつ》し、若しくは書写せば、この人は当に八百の眼《げん》の功徳、千二百の耳《に》の功徳、八百の鼻《び》の功徳、千二百の舌《ぜつ》の功徳、八百の身《しん》の功徳、千二百の意《い》の功徳を得べし」（坂本幸男、岩本裕訳注『法華経』下巻90頁。岩波文庫）とあるように書写の功徳を具体的に説示しています。

お経はほとけの説かれた教えですから、一字一句心に念じて書写することが大切です。

梵字の写経は、漢字の写経の作法とほぼ同じと考えてよいと思います。

◆写経の準備◆

寺院で行う場合は、各寺院の作法に準じることが大切です。梵字の写経をしている寺院は少ないので、事前に住職に相談するのがよいでしょう。

自宅で行う場合は、仏間かそれに相応する部屋がよ

悉曇阿弥陀経（部分）

いと思います。写経をする場合は、本尊さまの掛軸、香、灯明、お花で部屋を荘厳しますが、それができない場合は、本尊さまを心のなかに観念して行うとよいでしょう。

◆写経の用具と方法◆

用具については、写経用のものを使います。梵字には毛筆と刷毛書の二様式ありますから、もし刷毛を用いる場合は梵字刷毛を用意します。

写経に入る前には、必ず読経をします。読経については自身が所属する宗派、たとえば菩提寺の住職に相談するのがよいでしょう。

読経が終了したら精神統一をして写経する心構えを作ります。

◆写経の実際◆

墨は硯《すずり》で摺《す》ります。普通の写経は、写経用紙を使用しますから、割りつけの心配はありませんが、半紙や半切《はんせつ》を使用するときは、どういう風に書くか墨を摺りながら構想を練ります。墨は急がずゆっくり摺ることによって心が落ち着いてくるものです。

写経が終了したら奥書きを入れます。願旨《がんし》、書写年月日、氏名などは漢字で書きます。

最後に間違いがないかお手本と校合をします。間違った場合は、その個書に滅滅点《げんめつてん》（本書42頁を参照）を打ち、その傍《かたわら》か、あるいは一文の終わりに正しい梵字を書き入れます。

妙法蓮華経観世音菩薩普門品　第二十五（偈）

梵文では第二十四に収められています。

（冒頭）

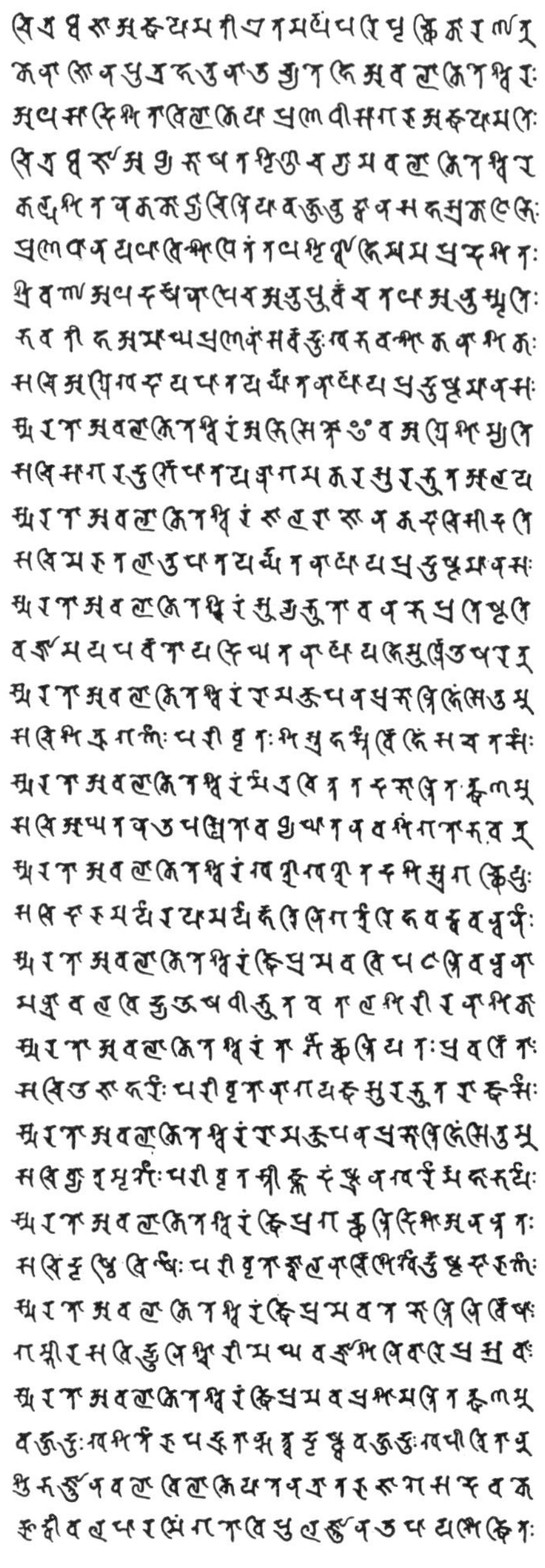

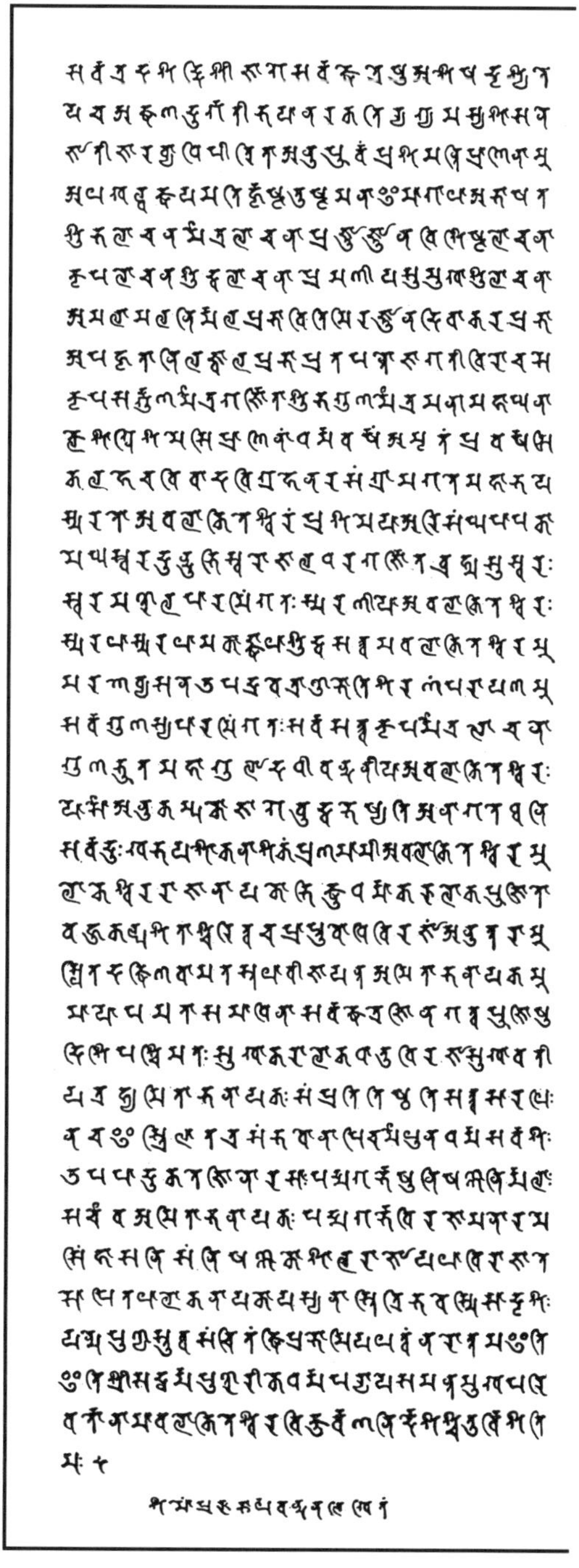

◆梵字『観音経』のお手本◆

さて、次頁からは、著者が試みに書いた、悉曇文字による『観音経』が掲載されています。関心のある方は、参考にしてください。

この梵字『観音経』偈文は、『改訂 梵文法華経』（荻原雲来、他共著 昭和九年 聖語研究会）のデーヴァナーガリ体を底本に、また『梵文法華経写本集成』（中村瑞隆監修 昭和五十七年 梵文法華経刊行会）などを参考文献として、梵字で書写したものです。

次頁からの梵字に付した読み仮名は、『解説梵文観音経』（渡邊大濤著 昭和十六年 名古屋新聞社出版部）を参照しました。

チトラ ドゥヴァジャ アクシャヨーマティー エータム アルトハン パリプリチッヒ カーラナート
ケーナー ジナプトラ ヘートゥナー ウチャテー ヒ アヴァロキテーシヴァラハ
アトハ サーディシャター ヴィロキヤー プラニドヒーサーガル アクシャヨーマティヒ
チトラ ドゥヴァジャ アドヒヤ ブハーシャタ シリヌ チャルヤーム アヴァローキテーシヴァレー
カルパ シャタネーカ コーティ アチンティヤー バフ ブッドハーナ サハスラ コーティブヒヒ
プラニドハーナ ヤトハー ヴィショドヒタン タトハ シリヌヴァーヒ ママ プラデーシャタハ
シラヴァノー アトハ ダルシャノー ピ チャ アヌプールヴァン チャ タトハー アヌスムリティヒ
ブハヴァティーハ アモーグハ プラニナーン サルヴァ ドゥクハ ブハヴァ ショーカ ナーシャカハ
サチ アグニ カハダーヤ パータエード グハータナールトハーヤ プラドゥシタ マーナサハ
スマラトー アヴァローキテーシヴァラン アブヒシクトー イヴァ アグニ シャームヤティ
サチ サーガラ ドゥルギ パータエーン ナーガ マカラスラ ブフータ アーラエー
スマラトー アヴァローキテーシヴァラン ジャラ ラージェー ナ カダーチ シーダティ

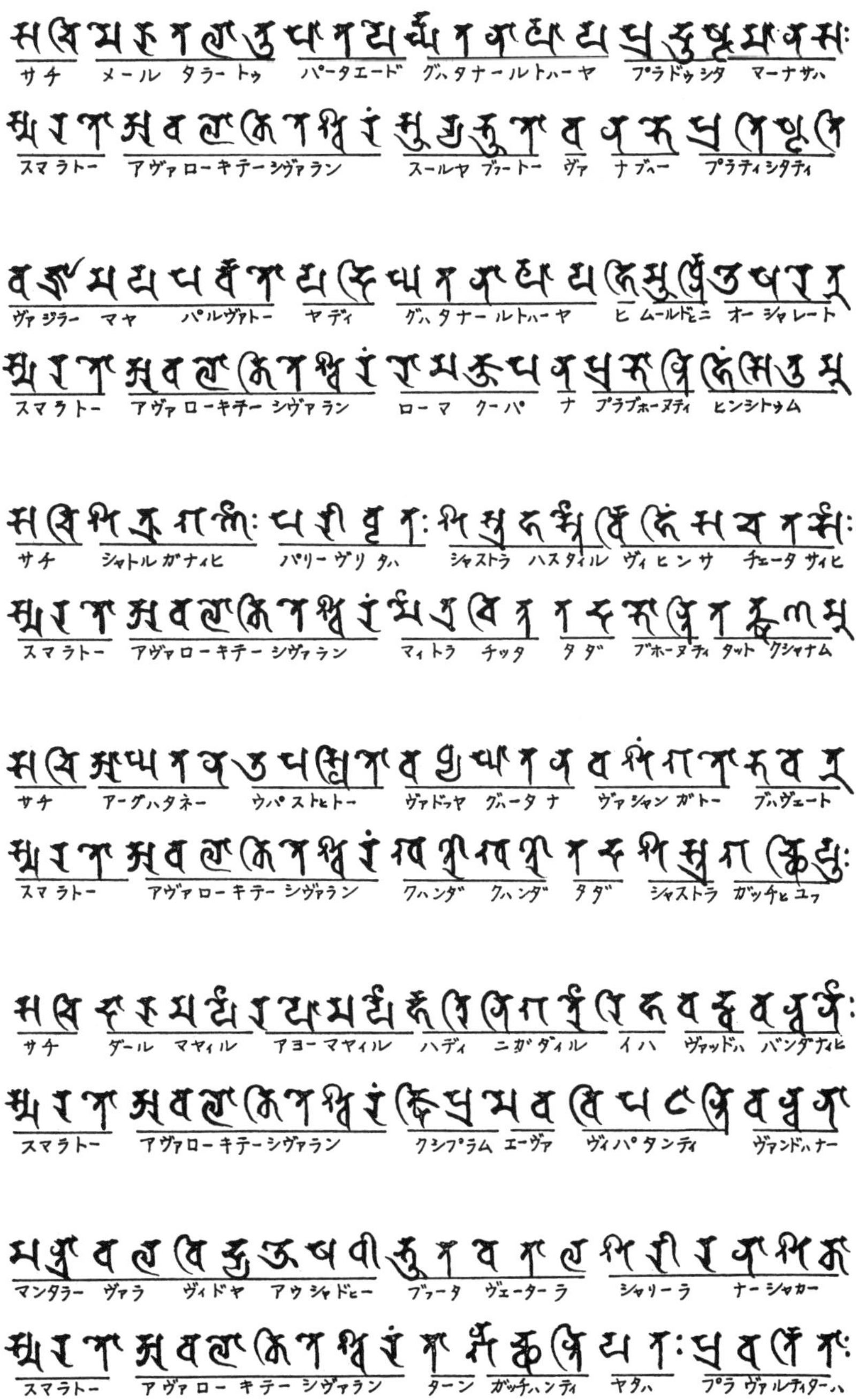

サチ　メール　タラー　トゥ　パータエード　グハタナールトハーヤ　プラドゥシタ　マーナサハ
スマラトー　アヴァローキテーシヴァラン　スールヤ　ブァートー　ヴァ　ナブヘー　プラティシタティ
ヴァジラー　マヤ　パルヴァトー　ヤディ　グハタナー　ルトハーヤ　ヒ　ムールドヒニ　オー　シャレート
スマラトー　アヴァローキテー　シヴァラン　ローマ　クーパ　ナ　プラブホーヌティ　ヒンシトゥム
サチ　シャトルガナイヒ　パリーヴリ　タハ　シャストラ　ハスタイル　ヴィヒンサ　チェータ　サイヒ
スマラトー　アヴァローキテー　シヴァラン　マィトラ　チッタ　タダ　ブホーヌティ　タット　クシャナム
サチ　アーグハタネー　ウパストヒトー　ヴァドゥヤ　グハータ　ナ　ヴァシャン　ガトー　ブハヴェート
スマラトー　アヴァローキテー　シヴァラン　クハンダ　クハンダ　タダ　シャストラ　ガッチヒ　ユッ
サチ　ダール　マヤィル　アヨー　マヤィル　ハディ　ニガダィル　イハ　ヴァッドハ　バンダナィヒ
スマラトー　アヴァローキテーシヴァラン　クシプラム　エーヴァ　ヴィパタンティ　ヴァンドハナー
マンタラー　ヴァラ　ヴィドヤ　アウシャドヒー　ブァータ　ヴェーターラ　シャリーラ　ナーシャカー
スマラトー　アヴァロー　キテー　シヴァラン　ターン　ガッチハンティ　ヤタハ　プラ　ヴァルティターハ

サチ　オージャ ハラィヒ　パリーヴリトー　ナーガ　ヤキシャ　(ア)スラ　ブッータ　ラーキシャサィヒ
スマラトー　アヴァローキテーシヴァラン　ローマ　クーパ　ナ　プラブォンティ　ヒンシトゥム
サチ　ヴァーダ　ムリガィヒ　パリ　ヴリタス　ティーキシャナ　ダンシタラ　ナクハラィル　マハー　ブハヤィヒ
スマラトー　アヴァローキテーシヴァラン　キシプラ　ガッチハンティ　ディシャー　アナンタタハ
サチ　ドリ　シティヴィシャィヒ　パリーヴリトー　ジヴァラナールチ　シカハィル　ドゥシタ　ダールナィヒ
スマラトー　アヴァローキテーシヴァラン　キシプラン　エーヴァ　テー　ブォンティ　ニルヴィシャーハ
ガンブヒーラ　サヴィドユ　ニシチャーリー　メーグハ　ヴァジラーシャニ　ヴァーリ　プラスラヴァーハ
スマラトー　アヴァローキテーシヴァラン　キシプラン　エーヴァ　プラシャーマンティ　タット　クシャナム
バフ　ドゥクハ　シャタィル　ウパドルターン　サットヴァ　ドリシタヴァ　バフ　ドゥクハ　ピーディターン
シュブハ　ジニャーナ　バロー　ヴィローキヤー　テーナ　トラータル　ジャゲー　サデーヴァケー
リドヒー　ヴァラ　パーラミンガトー　ヴィプラ　ジニャーナ　ウパーヤ　シクシタハ
サルヴァトラ　ダシャッディシー　ジャゲー　サルヴァ　クシェートレーシュ　アシェーシャ　ドリシャテー

エーチャ アクシャ ドゥルガティー ブハヤー ナラカ ティルヤグ ヤマスヤ シャーサネー
ジャティ ジャラ ヴヤードヒ ピーディター アヌプールヴァン プラシャマンティ プラーニナーン
(漢訳にはない偈文)
アトハ クハルヴァ クシャヤマティル フリシタ トゥシタ マナー イマー ガートハー アブハーシャタ
シュブハ ローチャナ マイトラ ローチャナー プラジニャー ジニャーナ ヴィシシタ ローチャナー
クリパ ローチャナ シュッドハ ローチャナー プレーマニーヤ スムクハー シュローチャナー
アマラー マラ ニルマラ プラブハー ヴィティミラ ジニャーナ ディヴァーカラ プラブハー
アパフリターニラ ジバラ プラブハー プラタパントー ジャガティー ヴィローチャセー
クリパ サドグナ マイトラ ガルジター ジュバ グナ マイトラ マナー マハー グハナー
クレーシャアグニ シャメーシ プラーニナーン ドハルマ ヴァルシャン アムリタン プラヴァルシャシ
カラヘー チャ ヴィバーダ ヴィグラヘー ナラ サングラーマ ガテー マハー ブハエー
スマラトー アヴァローキテーシヴァラン プラシャメーヤー アリ サングハ パーパカー
メーグハ スヴァラ ドゥンドゥブヒ スヴァロー ジャラ ドハラ ガルジタ ブラフマ ススヴァラハ

スヴァラ マンダラ パーラミン ガタハ スマラニーヨー アヴァローキテーシヴァラハ

スマラトハー スマラトハー マ カーンクシャトハー シュッドハ サットヴァム アヴァロー キテー シヴァラム

マラネー ヴャサネー ウパドラヴェー トラーヌ ブホーティ シャラナン パラーヤナム

サルヴァ グナスヤ パーラミン ガタハ サルヴァ サットヴァ クリパ マイトラ ローチャノー

グナ ブフータ マハー グノー ダドヒー ヴァンダニーヨー アヴァローキテーシヴァラハ

（以下、題名にあたる部分まで漢訳にはない）

ヨー サウ アヌカムパコー ジャゲー ブッドハ ブハーシャティ アナーガテー ドゥヴァニ

サルヴァ ドゥクハ ブハヤ ショーカ ナーシャカン プラニマーミー アヴァロー キテー シヴァラム

ローケーシヴァラ ラージャ ナーヤコー ブヒクシュ ドハルマーカル ローカ プージトー

バフ カルパシャターンシ チャリトヴァ チャ プラーアプトゥ ボードヒ ヴィラジャーン アヌッタラーム

ストヒタ ダクシナ ヴァーマタス タトハー ヴィー ジャヤンタ アミターブハ ナーヤカム

マーヨー パマター サマードヒナー サルヴァ クシェートレージナ ガトヴァ プージシュ

ディシ パシチマタハ スクハーカラー ローカドハートゥ ヴィラジャー スクハーヴァティー

ヤトラ ヒィ アミターブハ ナーヤカハ サンプラティ ティシトハティ サットヴァ サーラトヒヒ
ナ チャ イストリナ タトラ サンブハヴォー ナービ チャ マイトゥナ ドハルマ サルヴァシャハ
ウパパードゥカ テー ジノーラサーハ パドマ ガルブヘーシュ ニシャンナ ニルマラーハ
サ チャイヴァ アミターブハナー ヤカハ パドマ ガルブハービラジェー マノーラメー
シンハー サニ サンニ シャンナコー シャーラ ラージャー ヤトハー ヴィラー シャテー
ソー ビ タトハー ローカ ナーヤコー ヤスヤ ナースティ トリ ブハヴェースミ サードリシャハ
ヤン メー プンヤ ストットヴァ サンチタン クシプラ ブホーミ ヤトハ トヴァン ナロー ッタマ イティ

(題名にあたる部分)

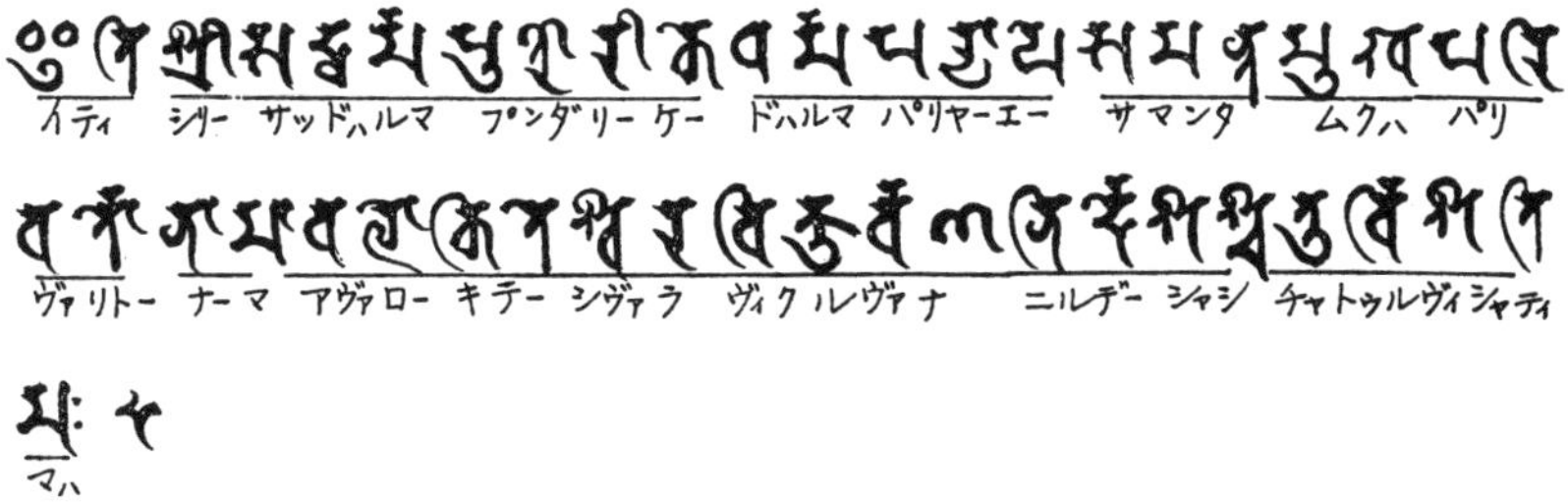
イティ シリー サッドハルマ プンダリーケー ドハルマ パリヤーエー サマンタ ムクハ パリ
ヴァリトー ナーマ アヴァロー キテー シヴァラ ヴィクルヴァナ ニルデー シャシ チャトゥルヴィシャティ
マハ

(落款／沙門義隆敬書)

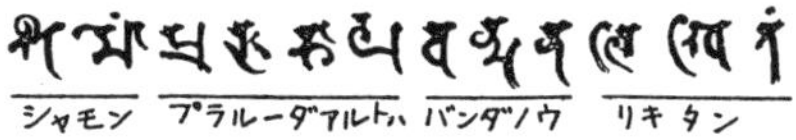
シャモン プラルーダアルトハ バンダノウ リキタン

第四章　梵字のいろいろ

人々を守護する梵字

私たちの生活のなかに溶け込み深く信仰されている梵字の一つに「お守り」や「護符」があります。本項は、それらについて、各御寺院の協力を得ながら解説していきたいと思います。

◆経典に見るお守りと護符◆

お守りは護符の範疇《はんちゅう》に入りますが、特にお守りと呼ぶ場合は、お守り袋に入れて常時身に着ける懸守《かけまも》り(肌守)のことを指すのではないでしょうか。

お守り袋のことは、経典に見ることができます。すなわち、「此の大神呪《だいじんしゅ》は――若《も》し誦《じゅ》すること能《あた》はざれば、好紙を以て書き写し、盛るに綵嚢《さいのう》(綵絹《あやぎぬ》の嚢《ふくろ》)を以てし、種々の香を著《つ》け、常に持して身に随《したが》うべし」(『阿吒婆拘《あたばく》鬼神大将《きじんたいしょう》上仏陀羅尼経《じょうぶつだらにきょう》』大正大蔵経、第二十一巻、179頁)

この経典には、真言を書き写し、それを守護袋に入れ身に着けなさいということが説かれています。実に守護袋の典拠が示されているのです。

護符は、守護の霊符という意味で、一般に守護符・守護札・御札・御守などの名で呼んでいます。

護符についても経典に見られるので引用してみます。

「此の般若波羅蜜多大神呪王を書して、清浄処《しょうじょうしょ》に置け」(『大般若波羅蜜多経』大正大蔵経、第五巻、57頁)

「若《も》し人ありて能《よ》くこれを書写し、読誦し受持せん者、若しは髻《けい》中(髪を頭の頂きに束ねたそのなか)に

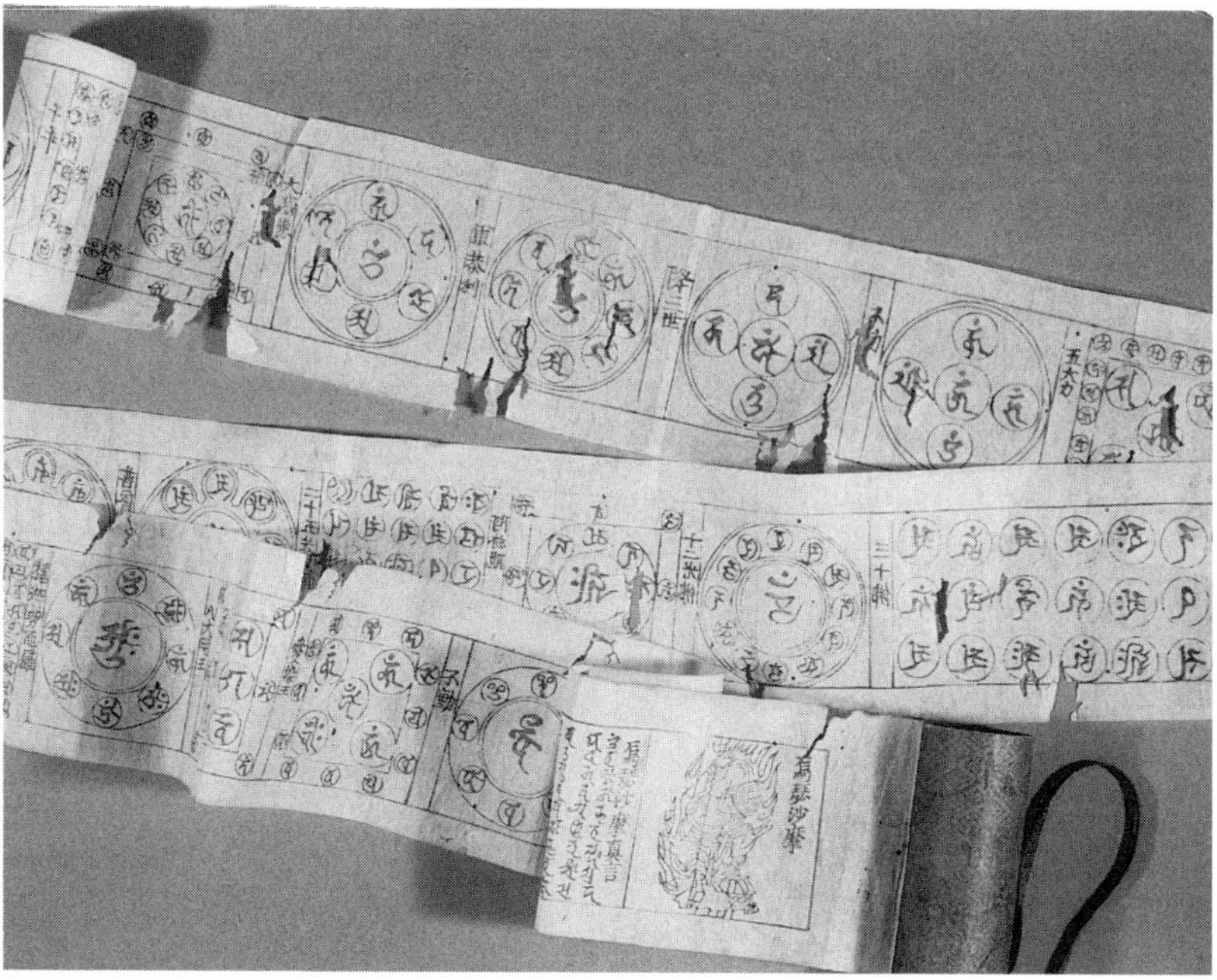

九重守

著《つ》け、若しは衣中に著け、随身して云云」（『摩利支天《まりしてん》菩薩陀羅尼経《ぼさつだらにきょう》』大正大蔵経、第二十一巻、160頁）

これら二経典は、護符の典拠を示したものと言われています。

日本でも、平安時代には、お守り・護符の信仰があったと伝えられています。大阪の四天王寺には、平安時代の貴族が用いたと思われる懸守りが遺存しています。

◆梵字で探るお守り・護符の功徳◆

お守り、護符の種類は、護摩札・大般若・星供《ほしく》などの祈禱《きとう》札、雷除け・火布せ・泥棒除けなどの除災符、交通安全・旅行安全・航空安全・海上安全の各種安全祈願札、年頭の立春大吉符、商売繁昌・厄除けなどの開運の護符、その他、安産・学業成就・縁結び・鎮宅《ちんたく》・身代わりなど、実に多種多様です。『神霊禁厭呪咀秘《しんれいきんえんしゅそひ》法《ほう》』には、九十六種にわたる護符が示されています。

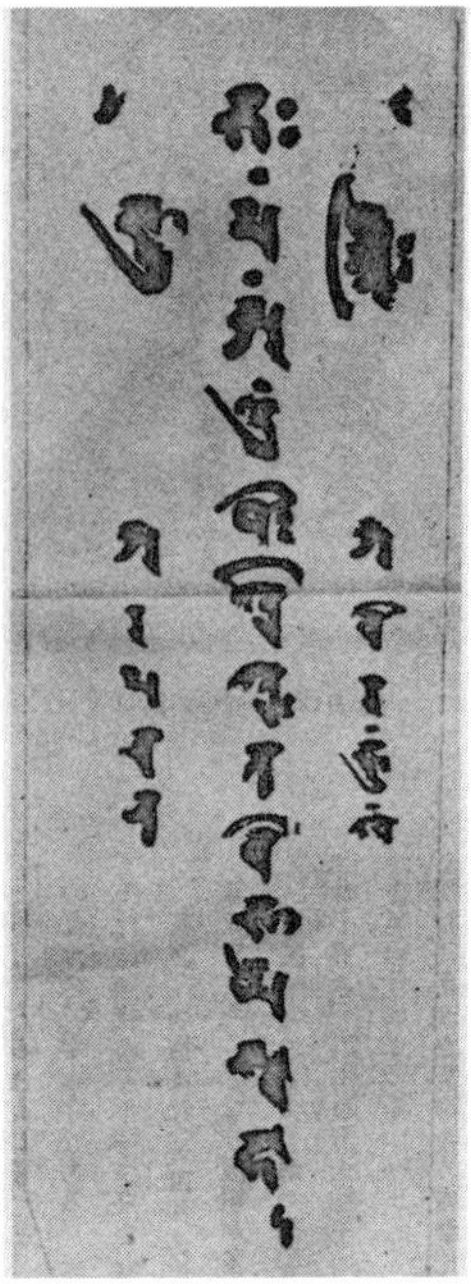

大般若祈禱札

では、お守り・護符の具体例を解説してみましょう。

○九重守《ここのえのもり》

九重守は、仏教版画の一種で、もっとも古いものは、京都・東福寺龍吟庵や奈良・西大寺に所蔵されています。ともに弘安八年（一二八五）の刊記がある、版本諸尊図像陀羅尼を俗に九重守と呼んでいます。九重守は、江戸時代になるとたくさん摺《す》られるようになり、民衆に普及したと言われています。

内容は、種子曼荼羅《しゅじまんだら》・真言陀羅尼・尊像を合わせて一七〇種以上から成る密教系の巻子本です。巻子本の幅は約八センチメートルですが、長さは実に十三メートルにも及びます。巡礼などの旅行安全の守護や嫁入り道具の一つであった筒守《つつまも》りとして受持されたようで、お守りとしては、大変珍しい形態のものです。

○大般若祈禱札

この護符は、慈雲《じうん》尊者が考案されたと言われ、中央は釈迦三尊の種子（上から釈迦《バク》・文殊《マン》・普賢《アン》）を一行に書き、その下に般若菩薩の真言、《オン》《チ》《シユリ》《シユロ》《ダ》《ビ》《ジャ》《エイ》《ソワ》《カ》。右は、上に大般若の種子《ヂクマン》、その下に胎蔵真言《ア》《ビ》《ラ》《ウン》《ケン》。左は、上に般若菩薩の種子《ジニャ》、下は文殊菩薩の真言《ア》《ラ》《ハ》《シャ》《ノウ》。上の左右の×と下のは記号です。×は諸説ありますが、一文のはじめに用いる記号と同じという説、道教からの影響説。道教では結界《けっかい》をあらわすと言われます。は、句読点の句点（。）にあたります。大般若のお札は、一般的に大般若会のときに授与されます。

○牛玉宝印《ごおうほういん》

ここに示した札は、岡山の西大寺の牛玉宝印です。中央には不動明王の尊像、東に降三世《ごうざんぜ》《ウン》南に軍荼利《ぐんだり》《ア》西に大威徳《だいいとく》《キリク》北に金剛夜叉《こんごうやしゃ》《ウン》いわゆる四大明王の種子を配しています。福徳から得られると特に信仰されていて、この札が授与される有名な「裸祭り」では凄《すさ》まじい争奪戦がくり広げられています。

牛玉宝印

○うちわ撒《ま》き

うちわ撒きは、奈良・唐招提寺で毎年五月十九日に、中興覚盛《かくじょう》上人の忌日に行われる法要です。うちわ撒きの由来は、覚盛上人が修行中に、蚊や虻《あぶ》に刺されても一切払わなかった徳を称えて法華寺の尼僧が集まり、上人の忌日にうちわを作って供養したことにはじまると言われています。

うちわには、本尊千手観音の真言、《オン》《バ》《ザラ》《タ》《ラマ》《キリク》。烏枢沙摩《うすさま》明王の真言、《シュ》《リ》《マ》《リ》

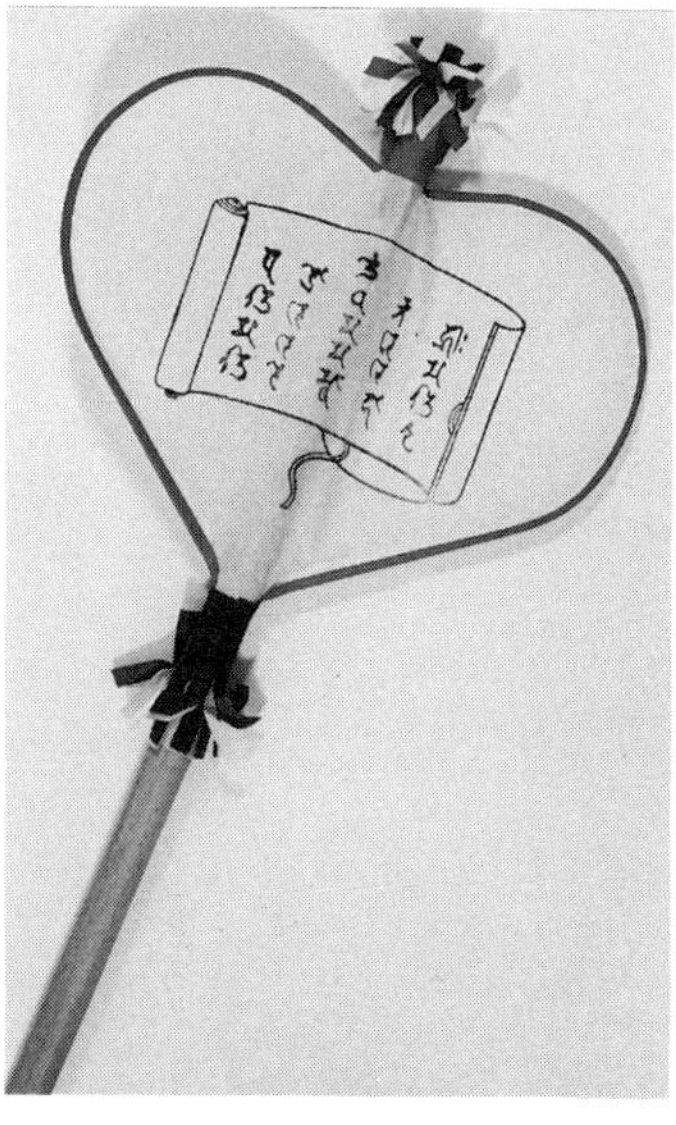

唐招提寺の「うちわ」

浅草寺の雷除けのお札の内符

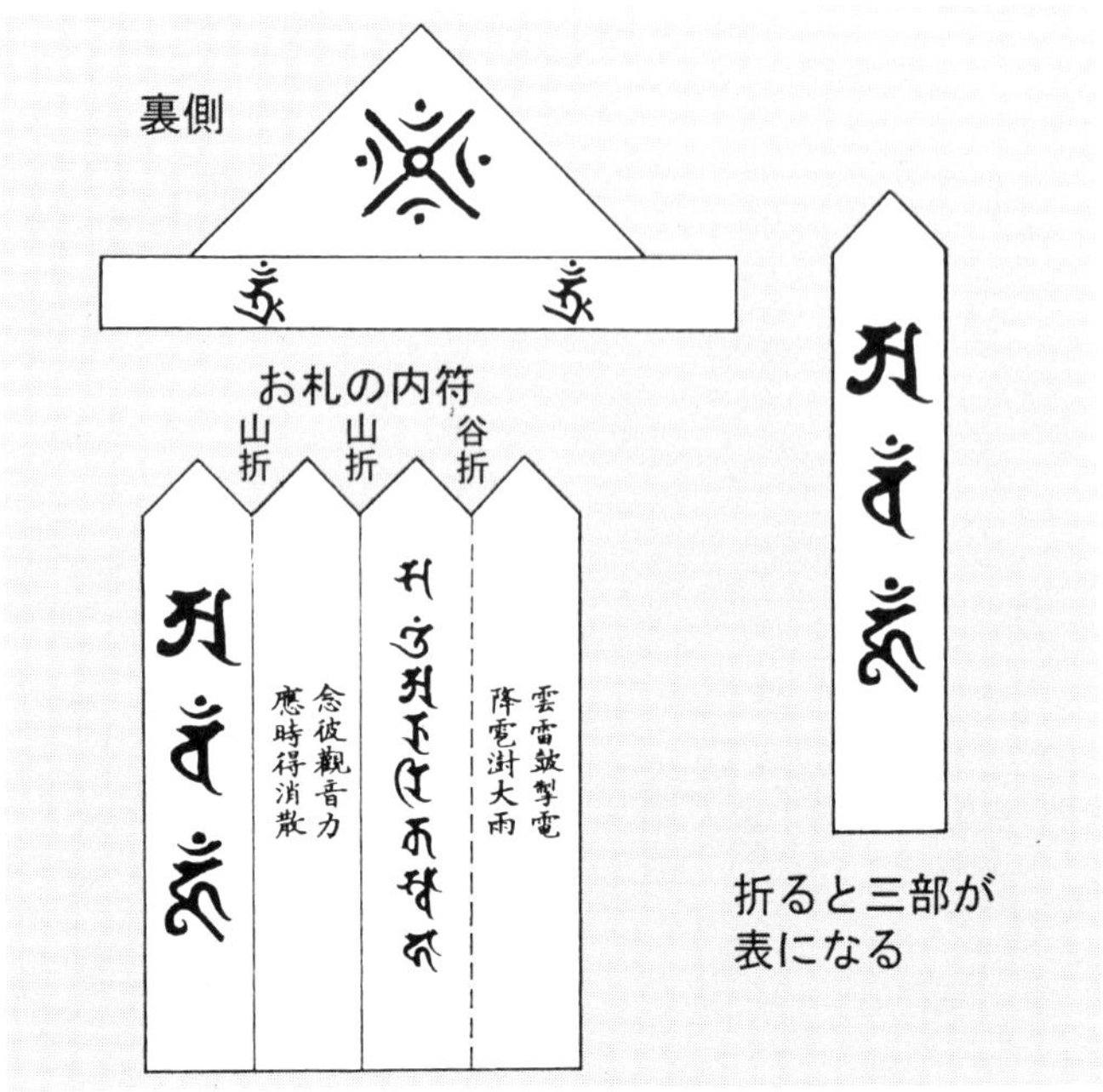

《マ》《マ》《リ》《マ》《リ》《シュ》《シュ》《レイ》《ソワ》《カ》があらわされています。厄除けや雷、火難除け、害虫除けのお守りとして、厚く信仰されています。

○雷除け

雷除けご守護として有名な、浅草・浅草寺のお札は、毎年七月九日・十日のほおずき市の日のみに授けられます。この日に参ると四万六千日に及ぶ功徳があるということから、通称「四万六千日」とも言います。このお札は、雷除けとして授かりますが、日常の生活を無事に過す「心」の依り所となる守護札であると説かれています。私の母は雷嫌いで、雷が鳴りだすと毎年大変です。いちはやく蚊帳《かや》を吊って、お札の近くに行き、線香を焚き、手を合わせてひたすら祈るのです。そして鳴り止むと何事もなかったように家事に戻っていく母にとって、雷除けのお札は強い味方なのです。今年も新しい守護札が天井に祀ってあります。いまは一緒にお参りすることは少ないのですが、子供の頃連れられて参ったときの母の信仰心は強く印象に残っています。

お札の表には、雷除御守護と書かれ、裏には、𑖀𑖽《アン》字の省略体といわれる記号𑗁と、𑖥𑖿𑖨𑖳𑖽《ボロン》が二字書かれています。𑗁は真言の終わりに用いる記号、𑖥𑖿𑖨𑖳𑖽《ボロン》は一字金輪《きんりん》の種子で成仏を促進させるはたらきがあると言われています。これはお札の功徳を指します。お札には内符があり、本尊聖観世音菩薩の種子𑖭《サ》真言𑖌𑖼《オン》𑖀《ア》𑖨𑖺《ロ》𑖩𑖰《リ》𑖎《キャ》𑖭𑖿𑖪《ソワ》𑖮《カ》と、観音経の偈文（雷に遭うことがあっても、その難をまぬがれるという部分）、そして、天台宗の三部、すなわち𑖀《ア》（胎蔵）、𑖪𑖽《バン》（金剛界）、𑖮𑖳𑖽《ウン》（金胎不二《こんたいふに》の蘇悉地《そしつじ》）が記されています。

このように、護符には梵字で本尊の種子・真言を記したものが多く見られます。これも、梵字自体にほとけの加護があらわれていると考え、昔から信仰の対象になっているからに他なりません。そして、寺院ではお守り・護符を授与するときに必ず開眼《かいげん》（御《み》魂《たま》入《い》れ）や加持祈禱をしています。すなわち、拝むことによって、ほとけの大悲（救い）の力が私たちに加わり、私たちの信仰心にほとけが応じて、互いに感応し、ご利益が得られるのです。梵字はほとけのはたらきをあらわしていると冒頭でも書きましたが、梵字や偈文などが書かれているお守り・護符を決して粗雑に扱ってはいけません。むやみに中を開くのも避けるべきです。使命を全うしたら、寺院で供養をしてもらうのがよいでしょう。

本項を書くにあたって、資料として使用したお札などは、撥遣《はっけん》（御魂ぬき）したものを取り扱いました。ご協力をいただきました岡山・西大寺、奈良・唐招提寺、東京・浅草寺の各御寺院には厚く御礼申し上げます。

五輪塔や塔婆の梵字

　七月・八月は、全国各地でお盆の行事が営まれる月です。お盆は、各家の宗派や地域的な習慣などにより、その祭祀の方法が多少異なります。一般的な祀り方としては、まず精霊棚を飾りご先祖さまをお迎えして僧侶に棚経をあげてもらい、御霊《みたま》の供養をします。新盆《にいぼん》と言って、前年のお盆以降に亡くなった御霊を迎える家では、家族や近親者たちが集まり特別手厚く供養をしたり、またお墓に塔婆《とうば》を建立することもあります。ただし、塔婆はお盆の前後に行われる施食会《せじきえ》（または施餓鬼《せがき》）法要に建立する風習もあります。

　塔婆の語源はインドの言葉で「ストゥーパ(stūpa)」と言います。「ストゥーパ」は、頂・堆土《たいど》・方墳《ほうふん》・高顕・圓塚《えんちょ》などと訳され、もともとは仏舎利を安置するために、高く構築した建造物（仏塔）にはじまると言われています。中国では、「ストゥーパ」に「卒塔婆」「窣塔婆」「素親婆」（いずれも「そとば」「そとうば」と読みます）などの漢字音をもって音訳しました。この漢字の表現が、年月を経て、塔婆と呼ぶようになっていきました。

◆塔婆の形式◆

　本来、塔と称するものには、大きく分けて舎利を安置した仏舎利塔や塔内にほとけそのものをお祀りした五重塔・三重塔・多宝塔、塔身に経文や真言陀羅尼《だらに》などを納めた宝篋印塔《ほうきょういんとう》に代表される納経塔や墓碑塔としての五輪塔などが含まれます。

そして、時代とともにこの五輪塔の形をデフォルメしてかたどった木製の角塔婆や板塔婆などができあがり、今日塔婆と呼ばれているものの一般的なすがたになっていったものと思われます。

◆五輪塔◆

図①　五輪塔

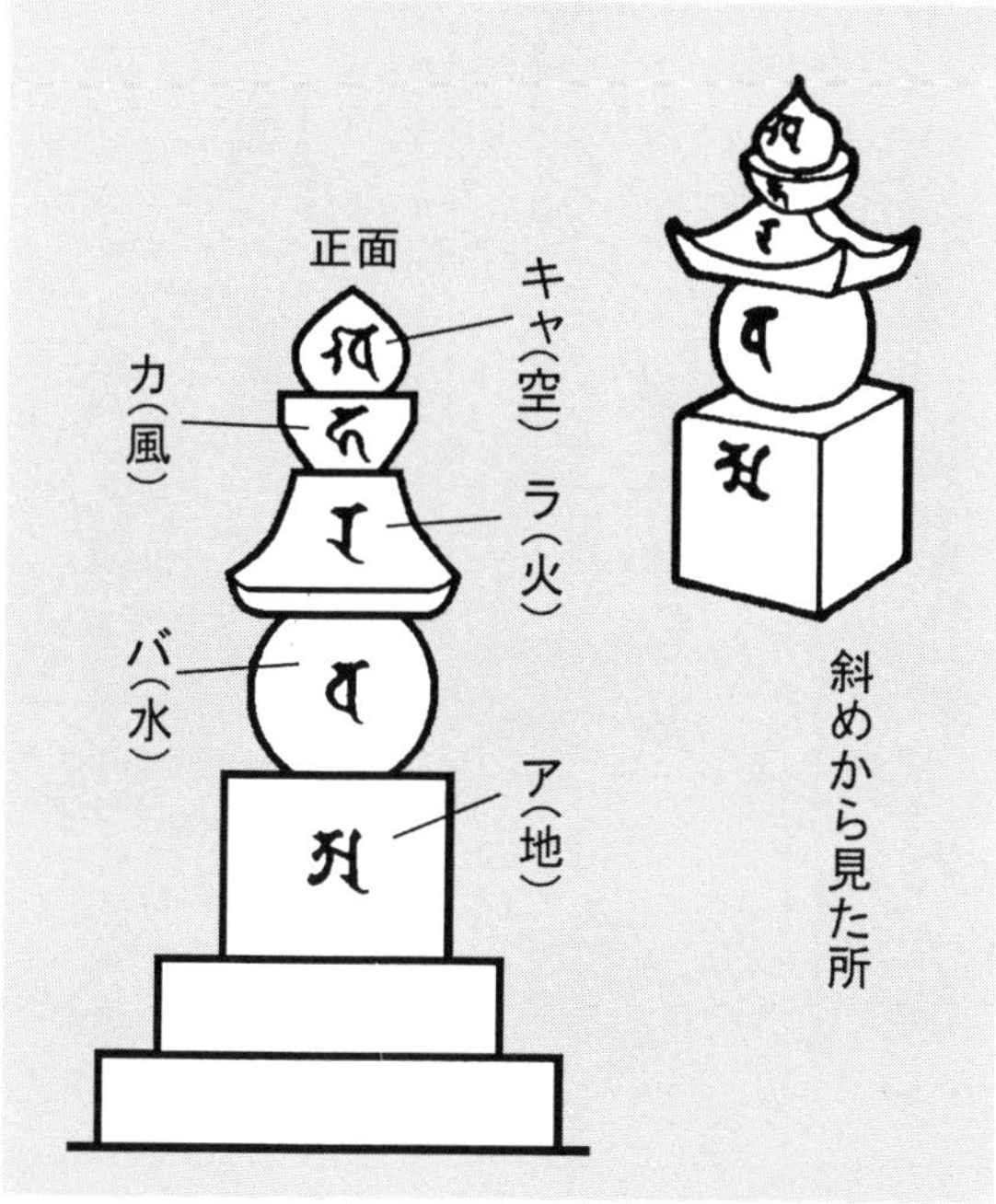

五輪塔は、真言密教の世界観に基づいて造られた塔の一形態であると言われています。五輪塔の多くは石造りで、一説には日本で考案造立されたとも伝えられています。五輪塔の五輪の典拠《てんきょ》は、善無畏《ぜんむい》三蔵が訳した『大日経』や『尊勝仏頂修瑜伽法儀軌《そんしょうぶっちょうしゅゆがほうぎき》』に説かれている五大や五輪思想に求められます。

五輪とは、簡単にあらわすと、この宇宙を構成している五つの要素（物質）のことで五大とも言います。これを教義上、地（正方形）・水（円形）・火（三角形）・風（半月形）・空（団形または宝珠形）に配当します。五大はすべて言語的表現を有し、各々の徳を示す梵字（種子《しゅじ》）や色を持ち、それがそのまま大日如来の実在を語る真実のすがたであると密教では説明されます。そのすがたを象徴的に表現したのが五輪塔です（図①）。

五輪塔には通常正面に、ほとけの標幟《ひょうじ》である梵字「キャ・カ・ラ・バ・ア」を書きます（なかには梵字の

図②

図③

図④　五輪塔の四面の梵字

ない五輪塔もあります）。これを普通は**五大の種子**と呼んでいます。胎蔵の大日如来を五つの梵字であらわしたものでもあるのです（図②）。

　五輪塔は立体であり四つの面で構成されていますから、四面にキャ・カ・ラ・バ・アの**四転**を書くこともよくあります。四転とは、一つの文字が**成仏の願いを発し、修行の階程を終わって、菩提を得て、涅槃に到る**までの過程をあらわした形態です。すなわち、**発心点**（または命《みょう》点）、**修行点**（長阿《ちょうあ》点）、**菩提点**（空点）、**涅槃点**を指します（図③）。

　四転を書く位置は、発心は正面に、菩提は裏、修行と涅槃は左右どちらかで、それによって右廻りと左廻りになります。どちらもともに行われていますが、現行では正面に向って左側に修行を書く時計廻りが多く見られるようです（図④）。

　このように、五輪塔はほとけのはたらきを梵字や形で象徴的にあらわしているところから、五輪塔は曼荼羅の要素をも備えていると言えましょう。

曼荼羅などで大日如来の三昧耶形《さんまやぎょう》（仏をその象徴である持物や印契《いんげい》で標幟《ひょうじ》すること）は、通常、仏塔であらわされます。大日如来には、胎蔵と金剛界の二つのすがたがありますから、三昧耶形も、それぞれ五輪塔（胎蔵）と鑁《ばん》字一字塔（金剛界）の二種類で標幟されているのです。


古来、五輪塔が墓碑塔として建立されてきたのも、一つは大日如来の三昧耶形という考えからきたものと思われます。今日、五輪塔は僧侶の墓碑塔として以外では、あまり普及されていないように思います。五輪塔の宗教的意義はとても大切だと思いますが、五輪塔は一般の墓石に比して加工費などが高価なことも一因ではないでしょうか。

◆五輪板塔婆◆

五輪塔が簡略化されたものに、五輪板（平）塔婆があります。一般に先祖供養として用いられている墓地で見かける塔婆です。板塔婆は平《ひら》塔婆ともいい、その長さは大きいもので九尺から小さいのは三尺、他にも、経木《きょうぎ》塔婆（杉や檜《ひのき》などを薄く剥《は》いで作った塔婆。もともと罪障消滅や御霊追善のために経文を書写していたことからこの名称がついたといわれている。現在は梵字や戒名も記す）など、目的に応じてさまざまです。地域によって異なる場合もありますが、通常の法事では六尺・五尺・三尺の板塔婆が主に用いられています。場合によって経木塔婆を用いるところもあります。板塔婆は、五輪塔と違い表と裏の二面から構成されています。表は胎蔵大日如来をあらわす梵字（五大種子）《キャ　カ　ラ　バ　ア》(kha, ha, ra, va, a) を書き、その下に年忌塔婆であればその年回忌を司《つかさど》る主尊の種子と真言を、さらに亡者の戒名を書きます（図⑤）。

裏には金剛界大日如来の種子、《バン》(vaṃ) 一字を書き、その下に添加《てんか》真言、宝号、利益文《りやくもん》、年月日、

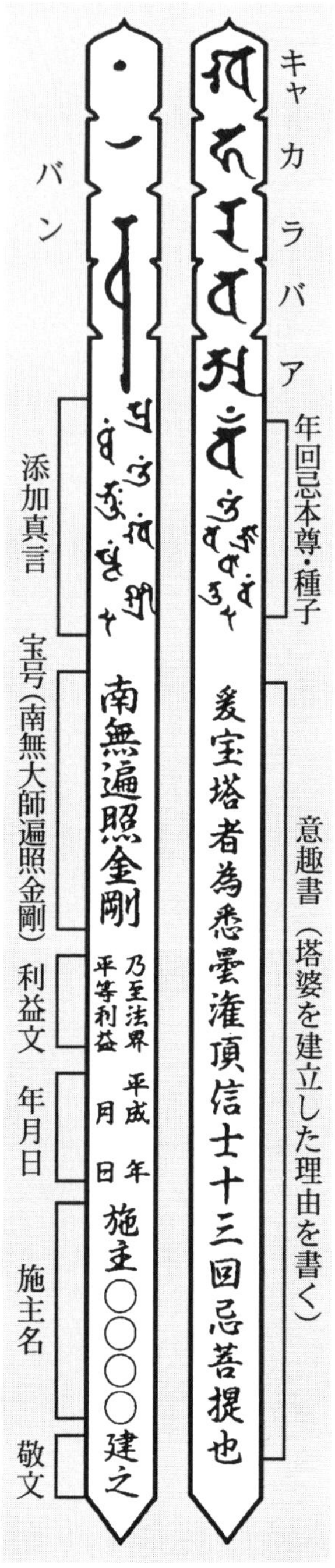

右＝図⑤ 板塔婆の表面／左＝図⑥ 裏面

施主名などを書きます（図6）。

◆梵字の意味と読み方―表―◆

塔婆の表と裏には、それぞれ大日如来をあらわす梵字を書きますが、他にどのような内容の梵字が書かれているのかを、戒名が悉曇灌頂《しつたんかんじよう》信士という故人の十三回忌年忌塔婆にたとえて見たいと思います。

塔婆の表には、上から順に《キャ》《カ》《ラ》《バ》《ア》（**胎蔵大日如来**）、次に、その年回忌を司るほとけの**種子**と**真言**を書きます。（種子のみでもよい）。十三回忌の供養であれば、金剛界大日如来の種子《バン》とご真言《オン》《バ》《ザラ》《ダ》《ド》《バン》を図のように小さく三行で書きます。

本書第二章でも述べましたが、年回忌の本尊には、昔から十三仏のほとけが配当されています。

初七日忌 不動明王 （カン、hāṃ）
二七日忌 釈迦如来 （バク、bhaḥ）
三七日忌 文殊菩薩 （マン、maṃ）
四七日忌 普賢菩薩 （アン、aṃ）
五七日忌 地蔵菩薩 （カ、ha）

六七日忌　弥勒菩薩（ユ、yu）
七七日忌　薬師如来（バイ・ベイ、bhai）
百ヶ日忌　観音菩薩（サ、sa）
一周忌　勢至菩薩（サク、saḥ）
三回忌　阿弥陀如来（キリク、hrīḥ）
七回忌　阿閦如来（ウン、hūṃ）
十三回忌　大日如来（バン、vaṃ）
三十三回忌　虚空蔵菩薩（タラク、trāḥ）

これに加えて時代が下ると、さらに

十七回忌　大日如来（アーンク）
二十三回忌　般若菩薩（ジニヤ、jña）
二十五回忌　愛染明王（ウン、huṃ）
二十七回忌　大日如来（バーンク）
三十七回忌　金剛薩埵（アク、aḥ）
五十回忌　愛染明王（ウン、hūṃ）

などの年回忌本尊を祀るようになりました。

塔婆に年回忌のほとけの種子を書き供養することによって、これらのほとけが、亡者を浄土へと導き、同時に、生きている私たちのさまざまな悩みや願いを解決してくれるとされています。ここに掲げたのは一例で、宗派によっては年忌本尊を略す場合もあります。

次に、供養される亡者の**戒名または法名**を入れます。昔は、光明真言や年忌本尊の経文などを入れて丁寧に書きましたが、現在は略して図のように書くことが多いようです。読み方は、「爰《ここ》ニ宝塔《ほうとう》トイッパ、悉曇灌頂信士十三回忌菩提ノ為ナリ」（——の部分は法要の主旨によって変わることがあります）。これは**「意趣書」**と言って、塔婆を建てる理由を書いているのです。

つまり、この意趣書によって、悉曇灌頂信士（戒名）の十三回忌の菩提を祈るために供養し建立したという旨がわかるのです。言い換えれば、塔婆の表は、大日如来に対して、「ご先祖さま（戒名の故人）を悟りの世界へ導いてください」と宛てた手紙にもたとえることができます。

いろいろな塔婆と梵字

前項では、塔婆《とうば》を手紙にたとえました。塔婆の表《おもて》が手紙の宛名ならば、裏は差し出し人（施主）の名前が書いてあると言えるでしょう。差し出し人は、直接戒名のご先祖さまに手紙を渡すことができません。そこで中継所である郵便局が必要になります。郵便局では、それぞれ差し出し人の宛名にしたがって、行き先別に分類をします。そして間違いのないように、スピーディーかつ宛名通りに手紙を届けます。

塔婆では、その郵便局にあたるものが寺院ではないでしょうか。差し出し人の願いが込められた塔婆を、寺院の僧侶がほとけさまに正しく伝えるために供養をします。そこで、はじめて施主の願いが戒名のご先祖さまに通じるのです。塔婆は表と裏が一体となって一つのはたらきを成しています。

本項では、前項に引き続き塔婆の書き様についてと、角《かく》塔婆についてお話します。

◆塔婆の裏の読み方◆

塔婆の裏には、上から**金剛界大日如来**の𑖪𑖽《バン》次に**添加《てんか》真言**、**宝号**、**利益文《りやくもん》**、**年月日**、**施主名**、**敬文《けいもん》**などを順に書きます。塔婆の長さによっては、利益文・敬文を略すこともあります。

𑖪𑖽《バン》は、𑖪𑖽《バン》字の変形で、表の𑖏《キャ》𑖎《カ》𑖨《ラ》𑖪《バ》𑖀《ア》の長さにわたって一字を書きます。書く位置は図の通りです。𑖪𑖽《バン》は、書法上、縦画の終わりは筆を押さえるという口伝《くでん》があります。𑖪𑖽《バン》・のように途中で切れた筆をもう一度終わりで押さえたものも口伝として相承《そうじょう》されています。先人は、《バン》のように書き終わりを引き抜くと、塔婆の功徳が逃げてしまうと教えているのです。

添加真言は、一行で書くこともありますが多くは二

板塔婆の梵字例（著者書）

表

裏

行千鳥掛《ちどりがけ》で書いています。左右の順には両様の説があります。最初の《ハラ》（pra）は、大随求《だいずいぐ》菩薩の種子です。このほとけは、名前のごとく私たちの求めに随って功徳を与えてくれます。《ドボウ》（dhvaṃ）は、ドバンとも読みます。滅悪趣《めったくしゅ》菩薩の種子で、悪趣界《あくしゅかい》から救ってくださる功徳があります。《オン》《ボク》《ケン（キャン）》（oṃ bhūḥ khaṃ）は、浄土変《じょうどへん》の真言といいます。「この地のあらゆるところが、諸仏の住する浄土に変わる」と説かれているのです。《シュタン》（ṣṭaṃ）は、シャタンとも読み、昔から破地獄《はじごく》の梵字として用いられています。《シリー》は、吉祥をあらわします。は、通常記号として用いられ、句読点の句点と同じ意味で使用されています。真言や経文の最後につけられ、発音することはありません。

以上のことから、添加真言には、随求・滅悪趣の二菩薩に帰依し、その功徳によってこの地を浄土となし、「表に記した〈戒名〉の精霊が地獄に堕ちずに救われ、

吉祥が得られるように」との願いが込められているのです。

また、天台宗や浄土宗では、

ハラ ドボウ ダ ダ、ハラ ドボウ オン ボク ケン ダ

ダ ダ

などと書きます。ダは施与、ダは法界《ほうかい》の意義が与えられています。つまり、塔婆を建立した功徳が普《あまね》く法界に施与されんことを祈る志しが、ダとダの二字であらわされています。この二つの種子は、天台宗では表の「五大の種子」の下にも用いられています。

角塔婆の朴筆梵字例（著者書）

これらの願いやご利益は、ほとけへ帰依する心から生じます。南無《なむ》遍照金剛《へんじょうこんごう》の「南無」は帰依のことで、「遍照金剛」は大日如来の、また弘法大師の密号（別名）です。すなわち「心身ともすべて大日如来、また大日如来と不二である弘法大師に捧げます」という信心の言葉です。この他に、南無大師遍照金剛と書く場合もあります。

五輪の形に彫刻された角塔婆（東京・百観音明治寺）

次に「利益文」、「年月日」、「施主名」と、建之《けんし》や敬《けい》

樹《じゅ》などの「敬文」を入れて終わります。近年では、施主名を表に書き記した塔婆も多く見られるようになりました。

このように図案的に見える塔婆の梵字には、ありがたいご利益が充満しています。塔婆は、ほとけを通じて、ご先祖さまと、私たちを正しい悟りの道へと案内してくれる標識《ひょうしき》のようなものなのです。

◆五輪角塔婆◆

前項で紹介した五輪塔の一番下の四角い部分（地輪）を長く変形させたものに五輪角塔婆があります。材質は五輪塔と同じく石造のものもありますが、そのほとんどが木材で造られています。現在では、板塔婆ほど普及はしていませんが、おもに、寺院のご開帳法要・入仏供養・ご遠忌《おんき》法要などには、角塔婆が使われています。

角塔婆の大きさは、法要の規模によって一定していませんが、小さなもので六尺程度から大きいものは十尺（一丈）を越える高さまでさまざまな種類があります。

角塔婆には、五輪塔と同様に各面を五大の形に彫り、五大の種子の四転《してん》を体裁よく入れます。おさらいになりますが、「四転」とは、一つの文字が成仏の願いを発し、修行の階程を終わって、菩提を得て、涅槃《ねはん》に到るまでの経過をあらわした形態のことです。ただし、年回忌には、裏面のみ板塔婆と同じように金剛界大日如来の種子・𑖪𑖽《バン》を五輪の種子の長さに書き、その下に添加真言を書く場合もあります。一般的には前出の四転も書く場合が多いですが、真言宗・天台宗以外の宗派では角塔婆の四面に梵字を書くことは、むしろ少ないと言えます。

梵字の下には、それぞれ法要の趣旨に準じて各宗派とも書式がある程度決まっています。それは板塔婆の表裏と同様で表には意趣書・案文、裏には宝号・年月

●葬儀・追善供養の例（高野山・梵習字鑑より）

〈表〉種子真言　寶塔者為（戒名）何廻忌成三菩提也

〈向左〉六大無礙常瑜伽　四種曼荼各不離
三密加持速疾顕　重々帝網名即身
（弘法大師『即身成仏義』のことば）

〈裏〉南無大師遍照金剛　乃至法界　平等利益　年月日　建焉

〈向右〉法然具足薩般若　心數心王過刹塵
各具五智無際智　圓鏡力故實覺智
（弘法大師『即身成仏義』のことば）

●本尊十一面観音入仏供養の例（真言宗豊山派宗務所・初学便覧より）

〈表〉

奉修入佛供養者為本尊十一面尊威光自在也

〈向左〉

〈裏〉南無遍照金剛　伽藍安穏興隆佛法　世界平和万民豊楽
無辺善願決定圓満　乃至法界平等利益　年月日　山主欽言

〈向右〉具一切功徳　慈眼視衆生　福聚海無量　是故應頂禮（観音経偈文のことば）

日・施主名などを入れます。左右両面には、光明真言や随求陀羅尼《ずいぐだらに》（物質的苦悩を除去し、天災地変の厄をさけ、罪障を消滅して福徳を招く——など、多くの功徳を秘めた陀羅尼。堕獄の苦から人々を助けてくれるとされる）または、経文の偈頌《げじゅ》（韻文の形で、ほとけの徳を讃嘆し、教理を述べたもの）などを入れます。真言宗の場合、宗祖弘法大師の著作から引用した偈頌が多く使われています。

次に、角塔婆を建立する場合ですが、葬儀や年回忌供養のときは墓所に建てます。また、寺院の落慶式や本尊のご開帳、入仏式などには、本堂の前の参道に建立します。角塔婆の表は方位に配当すると東にあたりますが、本堂の向きによっては、実際の方位と角塔婆の方位が必ずしも一致しません。方位に合わせた場合

はこれでよいのですが、現在では本堂の向きに関係なく東面（表にあたる）と本尊が向き合う形が多く見られます。しかしその場合、参拝者側から見ると塔婆の裏面に向かってお参りすることになります。そこで、角塔婆の表を本堂（本尊）の向きと同じ方向に向けて建立するという考え方もあるようです。

角塔婆を書く場合は、表裏二面のみの板塔婆と違って、梵字も漢字も書く分量が多くなります。また、四面に書くわけですから、四面の梵字や経文などがそろうようにバランスよく書くことが必要になってきます。

◆いろいろな角塔婆◆

前述のように、角塔婆は、法要の内容によって、特に表の書式が異なります。いくつか例をあげて、真言宗の立場から法要別に角塔婆の種類を見ていきたいと思います。

追善法要の塔婆は、高野山の例を示したものですが、表と裏面は板塔婆の書式とほぼ同様です。入仏供養塔婆は、豊山《ぶざん》派の例を示しました。

角塔婆の書式は一例を示したもので、この他にもご遠忌法要・常楽会《じょうらくえ》法要・大般若会などに建立することもあります。

このように塔婆は、各種の法要に応じて建立され、ほとけや故人に供える供養塔として定着し、永い間私たちの信仰の中に息衝《づ》いてきたのです。

古遺物に刻まれた梵字

神社や寺院に詣でたとき、仏像の光背に梵字が刻まれていたり、境内や参道に梵字の石塔が建立されているのを見かけたことがあると思います。そんなとき、梵字で何が書かれているのか、どう読むのか関心はあるが、まったくわからなかった経験をされたことがあるのではないでしょうか。ここでは、おもに多層塔《たそうとう》・宝篋印塔《ほうきょういんとう》・板碑《いたび》のなかの梵字について触れてみることとします。

◆多層塔《たそうとう》◆

多層塔とは、笠の部分が幾段かの層をなしたもので、その原型はインドのストゥーパに求められます。

層数は、三重、五重、七重、九重、十三重とありますが、十三重の層塔は現在も新しく造立されています。

梵字は塔身の四面に彫られているものと三面に彫られているものがあります。

江戸時代以前のものは、薬研彫《やげんぼ》りが圧倒的に多く、梵字は、金剛界・胎蔵界の四仏、四方仏、弥陀三尊などが認められています。このうち一番多く認められるのが金剛界四仏の種子を彫ったものです。

金剛界・胎蔵界は大日を中尊に五仏が配当されますが、密教では大日如来の三昧耶形《さんまやぎょう》は仏塔であらわされます。塔自身が大日ですから、その周囲に四仏をあらわすことになっています。

◆宝篋印塔《ほうきょういんとう》◆

宝篋印塔は、寺院の境内に建立されていることが多く、金剛界・胎蔵界二基、あるいは、金剛界・胎蔵界四仏の種子を一基におさめたものなど、様式では関東様式、関西様式などがあります。現存している宝篋印塔は、金剛界四仏の種子を刻んだものが多く遺存しています。

さらに宝篋印塔の種子と思われる《シッチリヤ》を正面に刻んだものや、塔身の側面に宝篋印陀羅尼を刻んであるものなどさまざまな様式があります。

宝篋印塔の典拠は、不空訳の『仏説一切如来心秘密《ぶっせついっさいにょらいしんひみつ》全身舎利宝篋印陀羅尼経《ぜんしんしゃりほうきょういんだらにきょう》』であり、その題名のように、はじめは一切如来の舎利を安置した宝塔であり、その陀羅尼は、罪障消滅、延寿長命の功徳があるとされています。

現存の宝篋印塔には、塔の中心に宝篋印陀羅尼をおさめたものが多数あります。

宝篋印塔は、陀羅尼信仰から建立されたもので、鎌倉期の石造遺物が現存しています。

多層塔

宝篋印塔

◆板碑《いたび》◆

板碑は石塔の一種で、板石《いたいし》塔婆、青石《あおいし》塔婆などの名称がありますが、現在「板碑」というのが一般的です。しかし、碑というよりは、造立目的などから見た場合、供養塔としての性格が強くあらわれています。

分布は、東北・関東・近畿・四国・九州と広い地域で認められています。なかでも関東、特に埼玉県は板碑の数が圧倒的に多く遺存しています。埼玉・秩父の長瀞《ながとろ》は全国有数の緑泥片岩《ろくでいへんがん》の産地で、その石を加工して作られたのが青石塔婆と呼ばれる板碑です。

板碑の分布を見ると河川や山との関係が深いようです。東北地方に北上川、最上川という河川があり、板碑もその周辺を中心に栄えています。関東は、埼玉の荒川が流れており長瀞はその流域にあります。四国の徳島県にも緑泥片岩の産地があり、九州大分県の国東《くにさき》半島は山に囲まれています。

板碑の材質は、九州の板碑のように青石塔婆でないものも含まれますが、大きく分けて山の石と川の石を加工して作られています。

板碑の形状は、頭部は三角形で、その下に二条線と呼ばれる横線が二本入り、面の中央上部に天蓋《てんがい》とほとけの種子や図像あるいは名号などを刻んでいます。その下には、真言や経典の偈頌《げじゅ》・願文《がんもん》・法号・願主・年号などが記されています。おもに、こういう形状のものを板碑と呼んでいますが、頭部の形状が山形のものや平らなものもあり、板碑を一言で定義するのは大変なことですが、近年板碑の研究は盛んに行われています。板碑に興味のある方は専門書で勉強するのがよいと思います。

板碑は宗派的に見て各宗派の板碑があるようですが板碑の面に梵字を刻んだものが多数を占めています。

種子でもっとも多く見られるのが阿弥陀如来と阿弥陀三尊種子です。これは、鎌倉期の阿弥陀信仰による影響が多いものと思われます。その他、釈迦如来の種子、大日如来の種子が多く遺存しています。

種子の下には、光明真言、大随求《だいずいぐ》真言が刻まれているものもあります。

板碑に用いられている梵字でもう一つの特色は、比較的初期の十三仏の種子が説かれていることです。これは、十三仏種子の成立を研究する上でも重要な資料となるもので、現行の十三仏と異なる種子が説かれたものが多く見られます。

阿弥陀仏種子「キリク」が彫られた板碑（埼玉・慈光寺山門跡）

板碑に刻まれる梵字は、基本的に朴筆《ぼくひつ》体で書かれており、薬研彫りが特色です。芸術的に見ても秀れた作品が多く遺されています。

これは、梵字書写の技量と合わせて、梵字を彫る石工の存在も大きかったのではないかと思います。特に、

国指定史跡「野上下郷石塔婆」
釈迦如来種子「バク」が彫られている（埼玉・秩父長瀞町）

板碑にあらわれた梵字の特色としては、荘飾体と呼ばれる書風があります。この荘飾体は、江戸時代の朴筆（刷毛）に影響を与えたと思われる筆致が見られます。

板碑は、前述したように供養塔としての性格が前面に出ていますが、逆修《ぎゃくしゅ》供養の板碑が比較的多いのも特色となっています。逆修とは生前に供養をするという意味で、時代的な背景もあってこういう形式がとられたものと思われます。

板碑の特色でもう一つ挙げると、その大きさがあります。小は長さ数十センチメートルのものから、大は五メートル以上のものまでさまざまな大きさのものがあります。板碑を作ると言っても当時は、現在のように流通経路が発達していたわけではなく、大変な経費がかかったようです。大きな板碑は、それなりの勢力、財力がなければ造立できなかったのです。

板碑は、江戸時代初期を最後に造立されなくなりますが、現存しているものの多くは、鎌倉期から南北朝期にかけてのものです。

以上見てきたように梵字は、その時代の信仰と合わせてさまざまの形であらわされています。

珍しい梵字

　梵字をほとけとしてお祀りする場合、通常、正書体を用いています。しかし、平安時代以降の梵字の普及にともなって、新しい分野の梵字が造られるようになります。仏名・名号などに梵字をあてたもの、また、真言を一文字に連ねてあらわしたものなど、個性豊かな変体梵字も合わせて流行します。

　これら日本独自と思われる梵字が生まれた背景には、梵字そのものに対する信仰があったのではないかと思います。

　仏名・名号として有名なものでは、南無阿弥陀仏の六字名号や弘法大師空海の梵号などが伝わっています。

　真言を一文字に連ねてあらわしたものには、毘沙門天や大黒天の梵字をあげることができます。これらは合わせて種子としての要素も兼ね備えています。少し変わった梵字としては、キリク字を構成しているカ・ラ・イ・アクの四字をもってあらわしたものや、日本語を梵字で表記したものなどがあります。

◆梵字名号◆

梵字の名号、
𑖡《ナ》𑖦𑖲《ム》𑖀《ア》𑖦𑖰《ミ》𑖟《ダ》𑖤𑖲𑖝𑖿《ブツ》
は、六字名号「南無阿弥陀仏」を梵字であらわしたものですが、梵文では、
𑖡《ナ》𑖦𑖺《モ》𑖦𑖰《ミ》𑖝𑖯《ター》𑖥𑖯《バー》𑖧《ヤ》 (namo'mitābhāya)、
𑖡《ナ》𑖦𑖺《モ》𑖦𑖰《ミ》𑖝𑖯《ター》𑖧𑖲《ユ》𑖬𑖸《セイ》𑖤𑖲《ブ》𑖟𑖿𑖠《ダ》𑖧《ヤ》
(namo'mitāyuṣe buddhāya)

梵字名号「ナムアミダブツ」（智満筆）

と表記します。

真言宗では、阿弥陀如来の秘密真言としてとらえ功徳の広大なることを教えています。したがって、古来より揮毫されることも多く、名品が遺っています。

梵字名号は、新義真言宗の開祖である興教《こうぎょう》大師覚鑁《かくばん》上人（一〇九五～一一四三）が著した『五輪九字明《ごりんくじみょう》秘密釈《ひみつしゃく》』や高野山の学匠道範《どうはん》（一一七八～一二五二）の『秘密念仏鈔《ひみつねんぶつしょう》』に詳しく説かれています。

梵字名号は、比較的ポピュラーではありますが、日本独自の表現で書かれています。

空海梵号「オンボキャサンボダラヤ」（智満筆）

◆空海の梵号◆

真言宗では、勤行や法要などには弘法大師空海のご宝号「南無《なむ》大師遍照金剛《だいしへんじょうこんごう》」を唱えますが、空海も昔から梵号が伝わっています。

《オン》《ボ》《キャ》《サン》《ボ》《ダラ》《ヤ》（空海に帰依し奉る）

文法的に見て甚だ曖昧ですが、（空）、（海）を合成して「空海」となります。

◆梵字の三帰依文◆

三帰依文、すなわち帰依仏・帰依法・帰依僧も梵字で揮毫されたものが伝わっています。

ナモボダーヤ（帰依仏）
ナモタラマーヤ（帰依法）
ナモサンギャーヤ（帰依僧）

は、信心の誠を捧げることですから、仏教徒としての誓いの言葉です。このように、三帰依文を梵字で書写し礼拝用に設《しつら》えたものは珍しく、おそらく信仰篤き者に揮毫されたものではないかと思われます。

梵字の三帰依文（智満筆）

◆ 種子的要素を持つ真言 ◆

毘沙門天の真言、

オンベイシラマンダヤソワカ

や大黒天の真言、

オンマカギャラヤソワカ

のベイシラマンダヤ、マカギャラヤを一字に切継《きりつぎ》してあらわしたものがあります。このようなあらわし方はチベットの護符などにも見られるもので、真言を一字に表記してほとけの種子としてあらわしています。不動明王の種子カンマンや般若菩薩の種子チクマンなども同じ部類に入ります。

◆ 少し変わった梵字 ◆

① キリク字を四字に分解

阿弥陀如来と千手観音の種子はキリク字です。キリク

ベイシラマンダヤ（澄禅筆）

字は、文字の構成上𑖎《カ》・𑖨《ラ》・𑖂《イ》・𑖀𑖾《アク》四字合成《よじごうじょう》字として説かれています（第二章の「キリク字の書き方」の項を参照）。

坂東観音霊場十二番札所・天台宗慈恩寺《じおんじ》（埼玉県岩槻市）には、堂前に𑖎《カ》𑖨《ラ》𑖂《イ》𑖀𑖾《アク》と揮毫された大きな扁額が祀ってあります。時代的には、江戸時代後半のものと思われますが、千手観音の種子キリクをカ・ラ・イ・アクと分解してあらわしたものは、全国的に見ても珍しい梵字の一つであると思います。

マカギャラヤ（澄禅筆）

これを揮毫された先徳は、梵字に通暁された方であり、「カライアク四字合成の風吹かば、霧雲《きりくも》（𑖮𑖿𑖨𑖱𑖾も）晴れて弥陀ぞあらわる」を千手観音に準《なぞら》えていたものと思われます。

②「庚申塔《こうしんとう》」という梵字

少し変わった梵字としてもう一件紹介してみることにします。日本語を梵字であてたものはあまり珍しくありませんが、ここにあげた「庚申塔《こうしんとう》」という言葉を

キリク字を四字に分解した「カ・ラ・イ・アク」（埼玉・慈恩寺蔵）

そのまま梵字であらわしたものは他に例がないのではないかと思います。

庚申とは、干支《えと》のかのえさるの日の晩に行われた民間信仰の一つで、江戸時代に各地に広まります。したがって、庚申塔の造塔は江戸時代のものが中心になっ

梵字庚申塔（埼玉・美里町）

ています。
梵字庚申塔は、埼玉県児玉郡美里町白石の路傍に建てられています。高さ約一三〇センチの立派なもので寛政十二年（一八〇〇）の建立銘があります。この梵字をそのまま読むと𑖎𑖳《クウ》（kū）𑖓𑖰《シ》（ci）𑖞𑖳《ツウ》（thū）となりますが、伝統的な読み方では、第一と第三のウはともにオで読むことになっています（専門的には三五《さんご》相通と言います）。すなわち、アイウエオの三番目と五番目は相通ということになります。したがって、𑖎𑖳《クウ》はコウ、𑖞𑖳《ツウ》はトウとなります。次に、𑖓𑖰《シ》と𑖞𑖳《ツウ》の間に悉曇独特の連声《れんじょう》（音便変化）が成りたち、空点を入れてシンと読みます。

つまり𑖎𑖳《こう》𑖓𑖰《しん》𑖞𑖳《とう》となります。ここに刻まれた書体はしっかりしたよい出来であることから、梵字悉曇に造形が深い方の御作であります。

本項では、日本流に変遷したなかで比較的珍しい梵字について述べてみました。これらの梵字は一例に過ぎず、日本各地にはその地の信仰と結びついた珍しい神仏の種子真言など枚挙にいとまがありません。

こうして、梵字は密教の教えや民間信仰と結びついて、私たちの生活のなかに溶け込んで徐々に定着していったものと思われます。

装飾梵字

日本独自の変遷を遂げた梵字について、前項に引き続き、もう少しお話ししましょう。

日本へは、毛筆と朴筆《ぼくひつ》の書式様式が伝わってきました。毛筆については、第一章において、すでに和様《わよう》梵字について触れましたが、そのさまざまな書流も日本の梵字の特色として考えることができます。

朴筆には、木筆（ヘラ状のもので先が扁平《へんぺい》なもの）と刷毛《はけ》（先端に毛を付けたもの）の二様式があります。

木筆も刷毛も字体に特別な変化はありませんが、木筆の場合は、その掠《かす》れを利用した書き方に特徴があります。掠れ書きをうまく取り入れた書き方を漢字書道では飛白《ひはく》体と呼称しています。梵字にもその影響を受けた飛白の梵字が伝わってきます。飛白の梵字は、おそらく日本独自のものでしょう。通常は装飾梵字と呼ばれています。これも特色の一つと言えましょう。

◆飛白体◆

飛白体は、後漢の蔡邕《さいよう》（一三三〜一九二年）が、職人が壁に箒《ほうき》で字を書いているその箒目《ほうきめ》からヒントを得て創作したと伝えられています。もともと実用書体というよりは、皇帝を中心とした能筆家によって書かれた品格の高い文字で、隷《れい》書を主体にしており、掠れを特徴としています。王羲之《おうぎし》やその第七子王献之《けんし》、唐の太宗《たいそう》、同じく高宗《こうそう》、欧陽詢《おうようじゅん》などの中国を代表する書家が飛白体を重んじていたと言われています。

日本へは、弘法大師空海によって伝えられました。

空海は「八体に工《たくみ》なり」と言われるように、入唐《にっとう》中、積極的に新しい書体を学んでいます。『真言七祖像賛《しんごんしちそぞうさん》』のなかの恵果《けいか》・一行《いちぎょう》を除く五祖には、名号や題賛に飛白体を用いて自ら揮毫しています。

『七祖像賛』の七祖とは、真言密教を伝えた七名の祖師のことで、龍猛《りゅうみょう》菩薩・龍智《りゅうち》菩薩・金剛智三蔵・不空三蔵・善無畏《ぜんむい》三蔵・一行阿闍梨・恵果和尚を指します。このなかで、龍猛・龍智の二祖師像は帰朝後に日本で制作され、金剛智・不空・善無畏・一行・恵果の五祖師像は帰朝に際して中国で制作されたものです。

これら『七祖像賛』は、各祖師の祖師名を漢字（飛白体）と梵字（木筆体）で揮毫されているのです。

この七祖に弘法大師空海を加えた八名の祖師を伝持《でんじ》の八祖と言います。伝持とは真言密教を世に伝え護持したという意味です。寺院の道場に掛けてお祀りするのは、通常この伝持の八祖像です。

飛白体は、木筆を用いて書かれていたようですが、日本へ伝わっている木筆の形は、木筆の中心横一文字に割れ目を入れ、その外側左右とも割れ目に向かって逆V字形にカットしたものです。その割れ目に墨を含ませて運筆します。製図など用いる烏口《からすぐち》の原理と似ています。

◆ 飛白十如是《じゅうにょぜ》 ◆

空海は『真言七祖像賛』のほかに、『二荒山碑銘文《ふたらさんひめいもん》』や『飛白十如是』を遺しています。このなか、『飛白十如是』は伝空海筆となっていますが、現在はこれを空海の真筆とした共通の認識があるようです。

十如是とは、法華経方便品の「如是相・如是性《しょう》・如是体・如是力《りき》・如是作《さ》・如是因・如是縁・如是果・如是報・如是本末究竟《ほんまつくきょう》等」の文を言います。天台宗では、諸法実相の意義を明かす重要な典拠《てんきょ》とされています。

『飛白十如是』の原本は明治初頭に焼失され、現在では写真版が残っているのみです。写真版は、昭和九年、大阪毎日新聞社主催の「弘法大師一千百年記念展」に内藤湖南博士の推奨により出陳されました。その後、影印本が百二十本ほど作られたと聞いています。

私の師匠がその影印本を所蔵していたので、何度か拝見したことがあります。影印本は巻子仕立で、十如是のすべての文字が異なった筆致で書かれています。扁《へん》や旁《つくり》の部分に鳥・蝶・樹木・人物などを配しているところから、飛白十如是は飛白体の中でも遊戯的書芸に富んだ作品と言えるでしょう。前出の『七祖像賛』の飛白体と比べて技巧的に勝《すぐ》れた面も見られますが、文字の格調という意味では低いようにも思えます。

飛白体は木筆の梵字に強く影響を与えました。なかでも江戸時代の梵字の大家澄禅《ちょうぜん》の装飾体は、飛白十如是の筆法と相通ずるところが随所に見られます。

澄禅は、天皇の勅《みことのり》を蒙《こうむ》って高雄山神護寺所蔵の伝

澄禅筆『飛白十如是』
（部分、京都・智積院蔵）

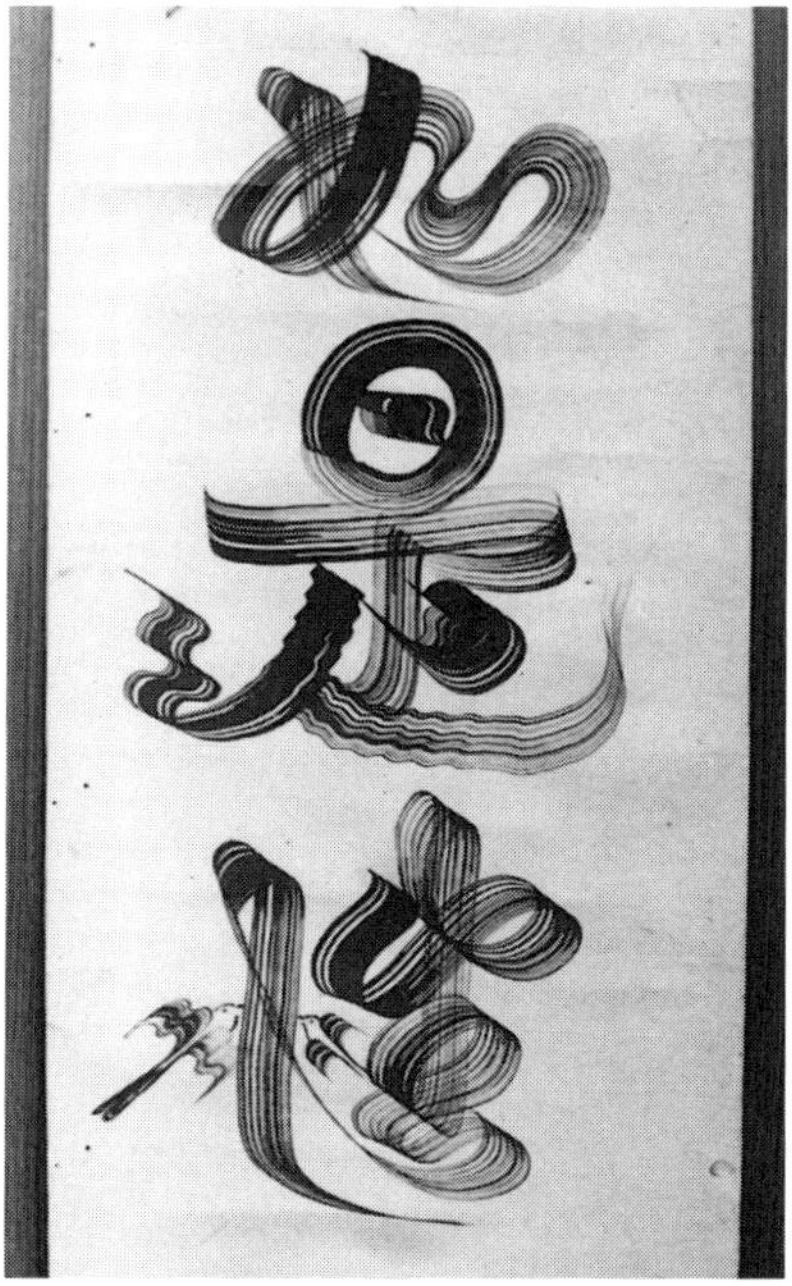

「如是性」

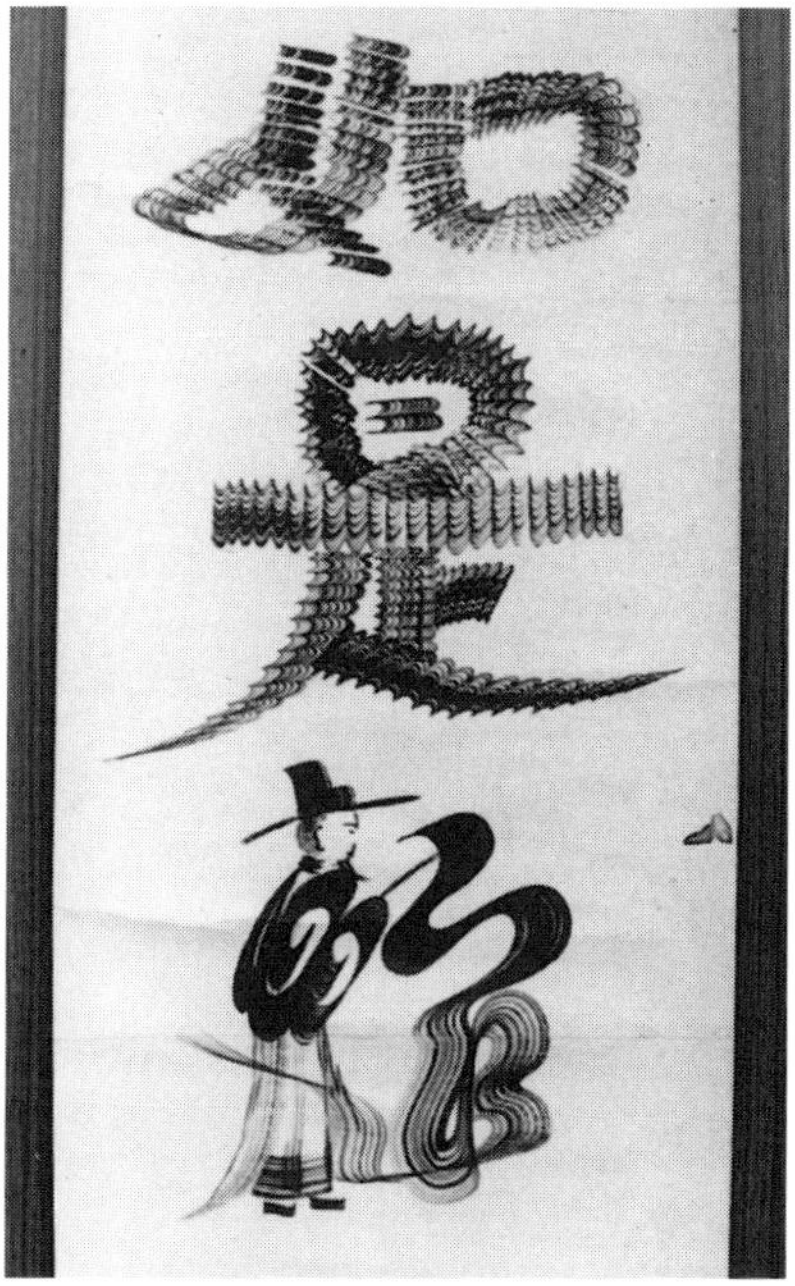

「如是作」

弘法大師筆『飛白十如是』を臨模しています。二本のうち一本は奉献し、その初臨本は智積院第七世運敞《うんしょう》僧正の跋文《ばつぶん》とともに智積院に収蔵されています。貴重な原本が焼失しているなかで、澄禅臨模『飛白十如是』の資料的価値は非常に高いものと思われます。

◆ 装飾梵字 ◆

装飾的技巧を施した梵字は、古くは鎌倉期から室町期にかけて流行した板碑《いたび》に多く見られます。その大半は阿弥陀如来の種子「キリク」字の装飾体です。

澄禅筆・制吒迦童子の種子「セイタカ」（著者蔵）

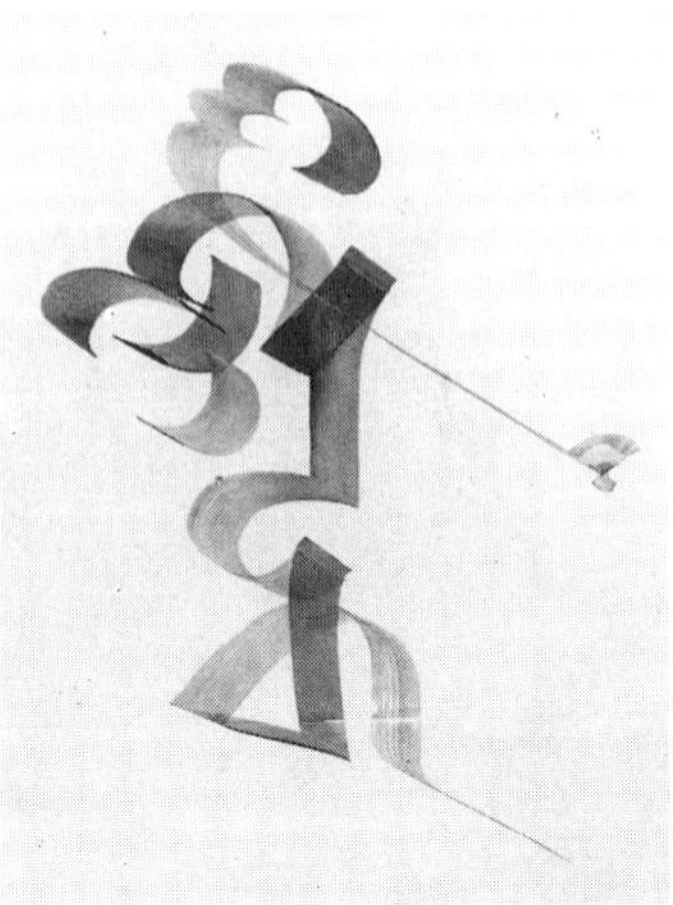

澄禅筆『梵字巻子本』より、八種の「キリク」（奈良・円成寺蔵）

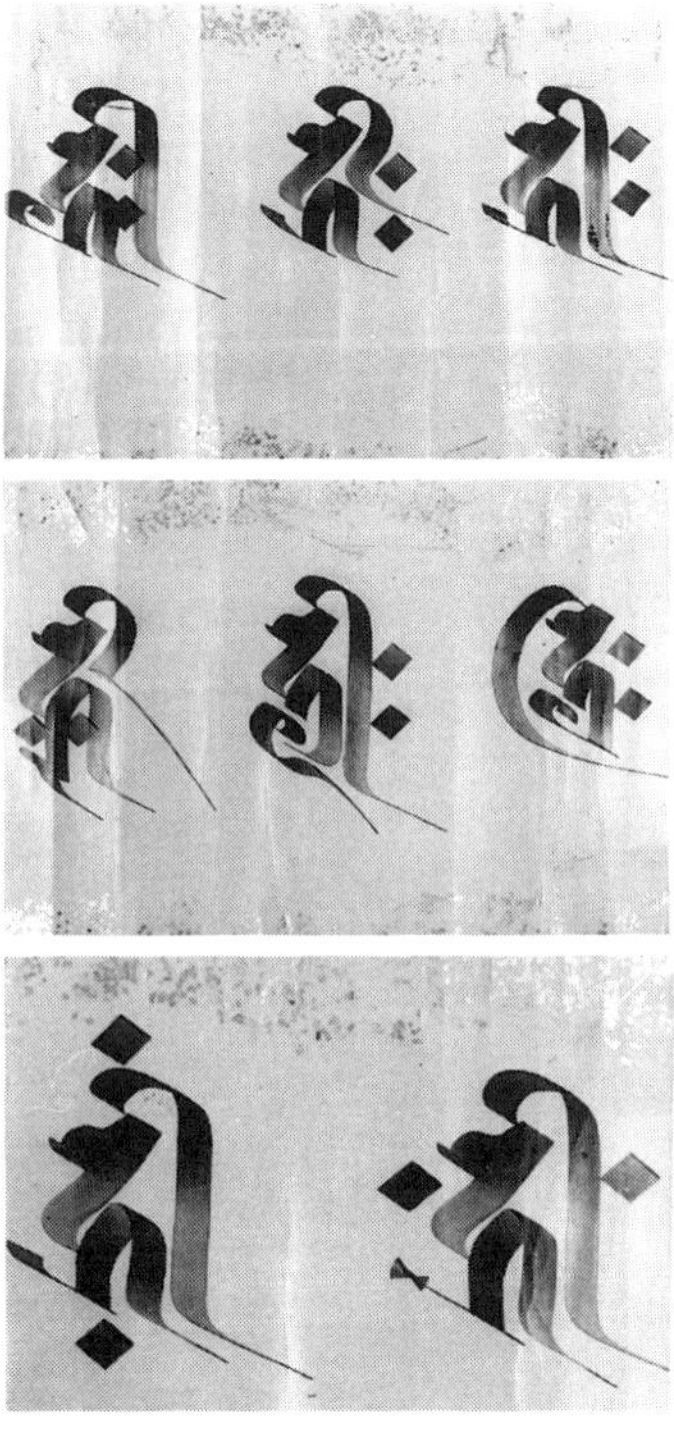

装飾梵字の極致はやはり澄禅の梵字に尽きるのではないかと思います。ここに紹介した装飾体は、澄禅が寛文九年（一六六九）に揮毫したもので五十六歳の梵書です。飛白十如是の勅書が寛文六年頃ですから、この梵書はそれ以降の作品で、飛白体の研究成果ともいうべき木筆の筆法が随所に生かされています。特に装飾梵字に見られる扇形の技法は、飛白十如是の扁や旁りに見られる鳥や樹木・人物などの表現と相通じるところがあります。

いずれにしても、このような技法は朴筆だけに許さ

澄禅筆『梵字巻子本』より、五大明王の種子（奈良・円成寺蔵）

不動明王「カンマン」

右／降三世明王「ウン」
左／軍荼利明王「ウン」

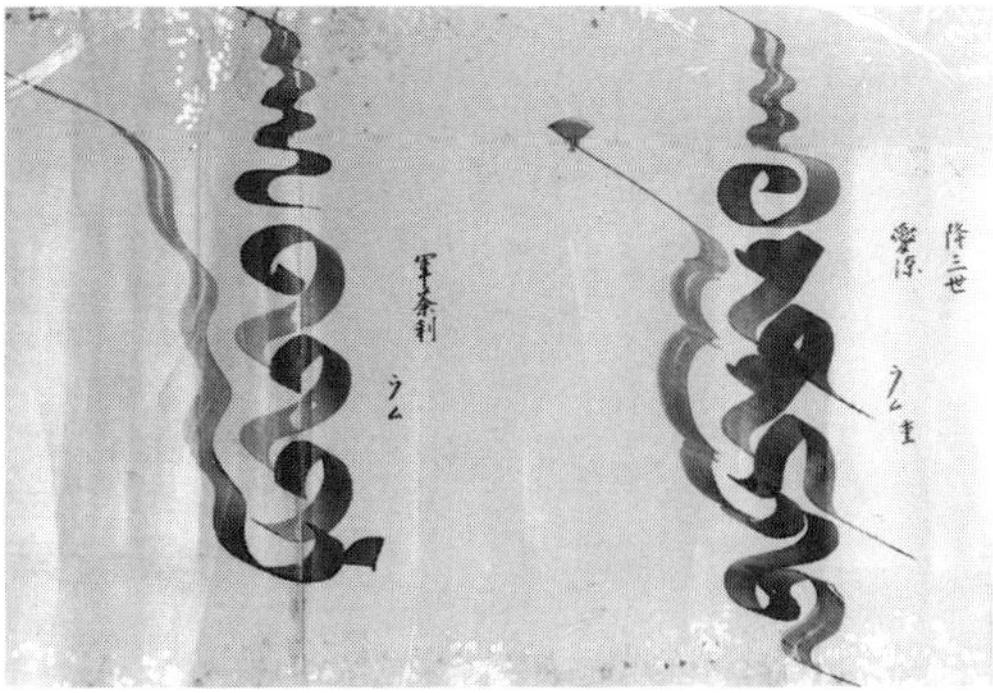

右／大威徳明王「キリク」
左／金剛夜叉明王「ウン」

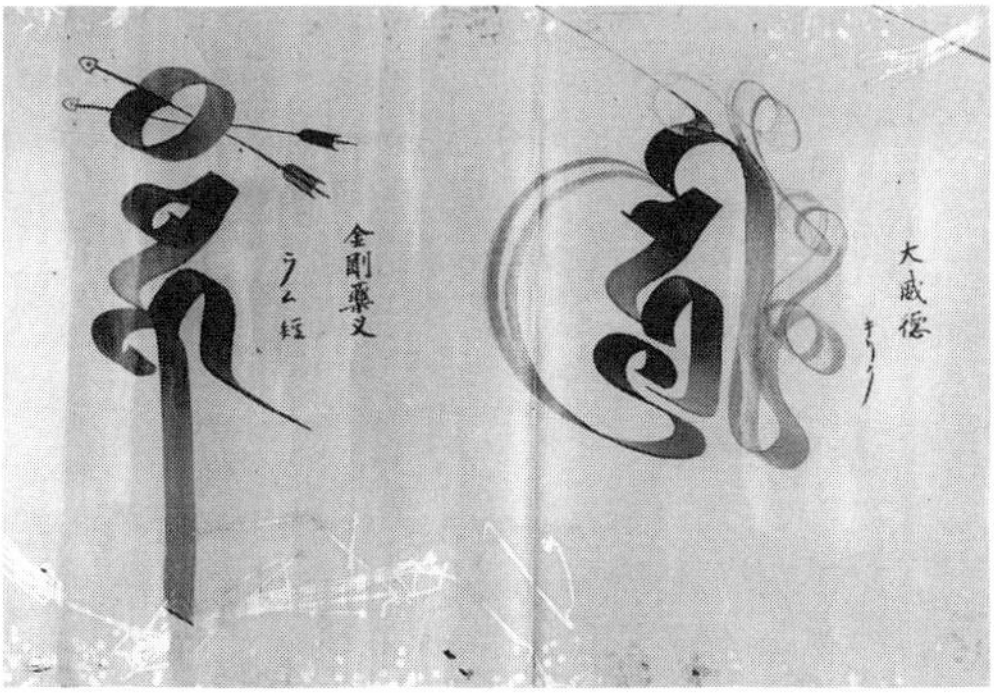

れたもので、毛筆体でこれに相応する書体は見あたりません。というのも、毛筆体は個人の技法が比較的表現しやすいので装飾的技法は発達しなかったのでしょう。梵字の書流の多くは毛筆体につけられた名称です。朴筆体では唯一、澄禅流があるのみです。

朴筆体は、書法上規矩《きく》を重要視しています。規矩とは規則のことで、朴筆体では梵字の形を細かく規定しています。したがって、個人の技巧が出にくいのです。朴筆で書く装飾体梵字は毛筆の技巧を装飾という形で強調したもので、そこに飛白体の筆法が生かされたと考えることができます。

あとがき

私がはじめて梵字の手解《てほど》きを受けてから、三十余年が経ちます。

昭和四十七年に、真言宗智山派の僧侶養成機関の一つである智山専修学院で、梵字の師である故・坂井榮信《さかいえいしん》先生と出会いました。以降、先生が遷化《せんげ》される昭和五十四年までの約八年にわたり、先生の下でお世話になりました。

先生の梵字は、慈雲《じうん》尊者の流れを汲む智満《ちまん》流梵字の活字体が基本になっています。先生が学ばれた智満和尚の梵字は、長谷宝秀編『弘法大師全集』に採用された当代随一を誇る梵字です。智満和尚によって梵字の活字体の分野が確立します。活字体は、『大正大蔵経』にも使用されました。

坂井先生は、『大正大蔵経』編纂事務局の仕事をしておられた頃、先生の恩師である小野玄妙先生から、『大正大蔵経』所収の梵字の不足分を補う仕事を任されました。『大正大蔵経』図像部の梵字活字は、先生の手になります。こうして、智満和尚の梵字を学び、先生独自の梵字書風が完成します。

先生は、智満流梵字のみでなく、慈雲流・澄禅《ちょうぜん》流・浄厳《じょうごん》流・寂厳《じゃくごん》流などの梵字も研究されていました。私は、智満流を中心に、澄禅流の毛筆と刷毛の基本も授かりました。

先生は、種智院大学密教学会編『梵字大鑑』の執筆をはじめた直後に遷化されたのです。

『梵字大鑑』は、一度白紙に戻りましたが、縁をいただいて、梵字の部分は私が担当することになりました。『梵字大鑑』は、私に梵字の方向を示してくれたと同時に、先生の思い出が凝縮されているものです。

むかしから、梵字は師資相承《ししそうじょう》によって伝えられてきました。私も坂井先生から、面授をもって、梵字の口伝を授かりました。本書の梵字の書写については、坂井先生から授かったものが基本になっています。

現行梵字の相伝は、おもに「摩多体文《またたいもん》」「悉曇十八章切継《しったんじゅうはっしょうきりつぎ》」という次第で行われています。これ以外にも、「悉曇灌頂《しったんかんじょう》」で梵字の奥義を伝えています。私は悉曇灌頂の儀式も相伝していますが、これも大切な儀式として伝承していかなければなりません。

しかし一方で、「梵字が正しく伝承されていないのでは」と思われる内容のものを、一部の本や雑誌などで見ることがあります。「そのように師から授かった」と言われればそれまでですが、梵字の書法が正しく伝わっていなかったり、梵字の性質の一部分のみが変な形で強調されているものがあります。つまり、梵字だけが一人歩きしているのです。

私が思う梵字とは、「密教」という大前提があって、はじめて成立します。本書には直接触れていませんが、弘法大師空海は、『梵字悉曇字母并釈義《ぼんじしったんじもならびにしゃくぎ》』で梵字の重要性を説き、『即身成仏義《そくしんじょうぶつぎ》』『声字実相義《しょうじじっそうぎ》』『吽字義《うんじぎ》』『般若心経秘鍵《はんにゃしんぎょうひけん》』などでは、梵字を、真言宗の教えを理解し実践するために不可欠の要素として大切に扱われています。決して、梵字を部分的には説いていないのです。

このように思っていたところに、仏教雑誌『大法輪』から、連載の話がありました。タイトルも「梵字でみる密教」ということで、私の思うところと一致しました。

本書は、それを一冊にまとめたものです。梵字の側から焦点をあてた密教ということで、日本の梵字を形成しているさまざまな部分を取り上げてみました。これらを総合したのが、日本に伝承された梵字の特色なのです。第一章から第四章に至るまで、その根底には、密教の教えがあるのです。

先に、梵字の書法や構成は、師資相承によって伝えられると記しました。しかし本書には、書法が説かれています。私が言っていることには矛盾があるかもしれませんが、本書の目的の一つに、正しい梵字の書法を読者のみなさんに伝えたいということがあったのです。けれども、やはり一度は専門家から習うのがよいでしょう。

本書の出版につきましては、実に多くの方々のお力添えをいただきました。取材協力ならびに貴重な資料を提供していただきました諸寺院のみなさま、篤く御礼申し上げます。また、『大法輪』誌連載中には、『大法輪』編集部の中川久美子氏と佐々木隆友氏にお世話になりました。本書出版にあたっては、全体の構成などについて、佐々木氏にまとめていただきました。心から感謝を申し上げます。

平成十四年五月三日
児玉義隆

児玉　義隆（こだま・ぎりゅう）

1949 年（昭和 24 年）、埼玉県生まれ。
1973 年より坂井榮信師に就いて梵字悉曇を学ぶ。
1977 年より種智院大学助手、講師を経て、現在、種智院大学教授・副学長。智山専修学院講師、嵯峨伝燈学院講師。真言宗智山派永福寺（さいたま市）住職。

著書に『梵字必携』（朱鷺書房）、共著に『十三仏の世界』（ノンブル社）、『〈オンデマンド〉実習梵字悉曇講座』、『真言・陀羅尼・梵字－その基礎と実践－』（大法輪閣）ほか。第 46 回密教学芸賞受賞。

梵字でみる密教──その教え・意味・書き方

2002 年 6 月 8 日　初版第 1 刷発行
2024 年 9 月 9 日　第 13 刷発行

著　者　児　玉　義　隆
発行人　石　原　俊　道
印　刷　三協美術印刷株式会社
製　本　東京美術紙工協業組合
発行所　有限会社　大　法　輪　閣
〒 150-0022 東京都渋谷区恵比寿南 2-16-6-202
TEL 03－5724－3375（代表）
振替 00160－9－487196 番
http://www.daihorin-kaku.com

　ISBN978-4-8046-1185-3　C0015